法治先锋 行业典范 中国形象

律所如何培训

律所管理与律师成长之道

北京市朝阳区律师协会◎编

马江涛 张建锋 王朝勇◎主编

中国政法大学出版社

2022·北京

声　　明　　1. 版权所有，侵权必究。

　　　　　　2. 如有缺页、倒装问题，由出版社负责退换。

图书在版编目（ＣＩＰ）数据

律所如何培训：律所管理与律师成长之道/北京市朝阳区律师协会编. —北京：中国政法大学出版社，2022.12
ISBN 978-7-5764-0761-7

Ⅰ.①律… Ⅱ.①北… Ⅲ.①律师事务所－工作－研究 Ⅳ.①D916.5

中国版本图书馆 CIP 数据核字 (2022) 第 252757 号

出 版 者	中国政法大学出版社
地 址	北京市海淀区西土城路 25 号
邮寄地址	北京 100088 信箱 8034 分箱　邮编 100088
网 址	http://www.cuplpress.com (网络实名：中国政法大学出版社)
电 话	010－58908586(编辑部) 58908334(邮购部)
编辑邮箱	zhengfadch@126.com
承 印	北京中科印刷有限公司
开 本	650mm×980mm　1/16
印 张	11.75
字 数	200 千字
版 次	2022 年 12 月第 1 版
印 次	2022 年 12 月第 1 次印刷
定 价	59.00 元

编委会

主　　编：马江涛　张建锋　王朝勇

编委会委员：(此排名按姓氏笔画排序，不分先后)

王朝勇　刘志民　陈　波　李　涛　张建锋

张志同　郭　腾　郭　琪　郭　敏

作者简介

陈波，律师，民商法博士，师从中国政法大学终身教授江平先生。北京平商律师事务所主任。北京贵州商会副会长、贵阳市政府重大行政决策专家顾问委员。朝阳区律师协会律管委秘书长。雄安新区法律专家委员会委员、《测绘法》修订专家委员会委员。中国政法大学研究生校外导师，贵州师范大学、宁波海警学院等十余所高校客座教授。广州、西安、贵阳、石家庄、宁波、台州、临汾、漳州、榆林等地仲裁员。1996年，作为公安部全国选调优秀大学生，先后在贵州基层公安机关、县委、市政法委工作十年。

刘志民，律师，中共党员。现为北京市京师律师事务所高级合伙人，中华全国律师协会环境、资源和能源法专业委员会委员，国家司法文明协同创新中心实务导师，中国社会科学院大学法学院兼职导师，中国政法大学法硕学院兼职导师，北京师范大学MBA校外导师，中国人民大学虚假诉讼治理研究中心执行主任，中央民族大学法学院企业家保护中心执行主任。

李涛，律师，大成律师事务所北京办公室高级合伙人，证据法学博士，大成中国区争议解决专业委员会主任，最高人民检察院"控告申诉检察专家咨询库"专家，北京市律师协会裁判执行业务研究会副主任，中国国际经济贸易仲裁委员会仲裁员，沈阳仲裁委员会仲裁员，珠海仲裁委员会仲裁员，北京市朝阳区律师协会争议解决专业研究会副主任，北京市朝阳区律师协会行政与政府法律顾问研究会委员，北京市物权法学研究会常务理事。

王朝勇，律师、仲裁员，最高人民法院国家责任研究基地研究员，最高人民检察院司法案例研究基地研究员，北京大学法学院法律硕士研究生兼职导师，清华大学法学院法律硕士专业学位研究生联合导师，中国政法大学法律硕士学院研究生兼职导师，中国政法大学证据科学研究院硕士研究生实务导师，中国人民大学法学院法律硕士实务导师，中国人民大学虚假诉讼治理研究中心执行主任、高级研究员，中国政法大学企业合规研究中心执行主任、高级研究员。

郭琪，盈科律师事务所总部业务管理部负责人，盈科全国业务指导委员会秘书长。

张志同，北京京润律师事务所主任，北京市朝阳区优秀律师。现担任中国社会科学院大学法学院硕士研究生实践导师，北京市律师协会影视与娱乐法律事务委员会副主任，荣获全国诊所教师新秀奖。

郭腾，法学学士、军事学硕士，北京京润律师事务所合伙人、军人军属法律事务部主任，国家心理咨询师，北京市律师协会会员，北京市法学会会员，北京市朝阳区法律援助律师，北京西城区退役军人事务局特邀监督员，中华志愿者协会法律服务志愿律师。

张建锋，北京市中盾律师事务所主任、首席合伙人，北京市律师协会律师代表，第十届北京市律师协会规则委员会副主任，第十一届北京市律师协会区律协联络工作委员会副主任，北京市朝阳区律协教育培训委员会主任，北京市朝阳区律协律师代表，北京市朝阳区律师协会理事，中盾房地产与建设工程调解中心理事长，北京市律师协会面试考核考官，北京市交通广播 103.9 法律顾问专家，CCTV《律师来了》栏目调查律师，最高人民检察院民事行政案件咨询专家，最高人民检察院民事行政检察专家咨询网专家。

你会永远相信，不完美的完美

——寄语青年律师

你们刚走出法学院，似追风筝的孩子，将梦放到天地间，却紧攥着线的另一端亦步亦趋；

你们刚叩开律师门，像披甲提棒的悟空，复追辉光几寸，独迎风雪路长；

你们脚步跌撞，却执着浸润养料；

你们眼底青涩，却可倾倒无垠理想……

律师乃行业之本，青年律师乃行业之未来。

青年律师的职业规划无外乎三个问题，我当下是个怎样的律师、我想要成为一个什么样的律师、我该如何成为这样的律师，即自我认知、目标以及方法。

《律所如何培训——律所管理与律师成长之道》是北京市朝阳区律师协会推出的就青年律师如何培养的系列项目，关注青年律师们的成长与前行，使他们在执业道路上行稳致远。从制度理念介绍、职业规划延伸，到实务技巧释疑、执业经历分享，多家律所的主讲律师从自身业务经验、执业心得出发，给青年律师们带来了全方位的沉淀及多角度的思考。

本项目秉持"立德树人，教学相宜"的培训理念，依托各家律所内部培养体系，促使青年律师代有人才。即使现在已成为在特定领域有话语权、具备市场能力的律师，曾经也是懵懂青年。朝阳律协通过各种培训方式，致力于为初入律师行业的年轻人提供"清晰、确定、可见"的成长路径，希冀陪伴每一位青年律师成为执业领域中的佼佼者，成为真正受人尊敬的律师。

我们希望每一位青年律师的职业目标，都是做专业问题的精通者、团队协作的支持者、客户需求的解决者、臻至作业的追求者。律师从来不是一份舒服的工作，只有保持终身学习的习惯，坚守诚实奋斗的准则，并像孔雀打理羽毛一般爱惜自己的声誉，才能走得快、走得远、走得稳。

我们希望青年律师的职业价值在于勤勉敬业、忠实尽职。尊重同道，但不阿谀奉承；尊重客户，但不违反原则；尊重专业，但不自负傲慢。

我们希望青年律师的磨刀石是坚硬的，因为每成长一步都要付出努力拼搏的汗水。

青年律师要懂得，即使无人注视，也要努力成长。许多眼睛，都藏在你看不见的地方。

青年律师要懂得，为财富而忧心、为成功而焦虑，都不能对律师的成长提供任何帮助。聚焦专业、用心成长才是青年律师脱颖而出的秘诀。

青年律师要懂得，职业的风险边界在哪里，君子不立于危墙之下，应当守住底线，不能做的事情绝对不做；对于应当做的事必须做细、做实，把每一件事情解决妥当，高质量的作业源自细致认真的态度以及对工作的持续关注。

青年律师的眼界要宽，"你会成为一个什么样的律师，取决于你对自己的要求"。优秀的律师都具备一些共同特质，比如，聪明不是律师获得专业地位的必要条件，专注才是；专业不是律师获得客户青睐的必要条件，敬业才是；敬业不是律师顺利成长的必要条件，勤勉才是。

青年律师的视野要高，对律师而言，成功和快乐的秘诀是什么？金钱、地位、权力，都不能给我们带来真正的成功和快乐。但是，当我们发表的意见能够引导行业的健康发展，当我们从事的工作能够推动中国法治的进步，当我们置身的事业能够帮助到社会的大多数人，我们就可以真正自豪地说："我们是成功和快乐的。"

青年律师要注重对法律能力的培养，其中包含四方面的能力：一是检索能力，即使遇到一个陌生的问题，也能够在规定时间内完成全面、准确、可应用的检索成果；二是材料阅读能力，无论是诉讼业务还是非诉业务，在面对大量文件时，能够快速找出问题并提出解决方案；三是逻辑分析能力，快速理清案件脉络并形成框架，以多级标题展现问题并逐一解决；四是表达能力，有话说得清、有理讲得明，清楚地表达需要在讲话前就对所讲内容心中有数。

青年律师要注重对法律思维能力的培养，法律思维即是解决问题的思维，律师具有的法律思维应当包含：框架的思维、整理的思维、实例的思维、延伸类比的思维以及转化的思维。

青年律师要"与积极的人为伍，保持对工作的热情与健康的心态"，应当具备三个"心"：一是自信心，自信心源自内在的专业能力与专业技巧，以及外在的职业形象与言行举止，强大的自信心可以提供无限的力量；二是责任心，即秉持"以同事为第一客户"、重视团队的理念，青年律师应时刻展现最好的作业标准；三是细心和耐心，在作业压力较大时也不能放松对作业的要求，面对客户必须100%投入。

律师的内在专业素养，可通过律师的外在职业形象展现出来。正确的商务着装能帮助律师有效塑造专业、可靠、值得信赖的职业形象。商务着装并不是一个审美问题，更多要考虑功能性，着装的首要目的是塑造职业形象。通过专业的商务着装，客户会更倾向于认为我们处于工作状态，同时也会给自己一个处于工作状态的暗示。

君子豹变，其文蔚也。在完善培养制度的加持下，期待青年律师永远相信法律之内闻听和诉说的时间，永远相信法条之外人性的温度与光辉，永远相信自己可创造绚烂、拥抱可能——你，终将趋近那不完美的完美。

最后，希望青年律师们，以律师为职业、为事业、为信仰，做一个愿意全心投入律师行业而不后悔的人。

北京市朝阳区律师协会会长

杨　光

目录

青年律师培养之我见

——头脑风暴推动律师成长

北京市平商律师事务所主任　陈　波◇

导　言：2019 年 6 月 13 日下午，北京市朝阳区律师协会邀请北京平商律师事务所陈波主任，就当前青年律师的培养问题做了一场培训。本次培训由北京市朝阳区律师协会教培委员会主办。

一、转型律师职业的感受

我现在是一名执业律师。之前，我有两个职业：第一个职业是警察；第二个职业是秘书。现在我是一个职业律师。

职业的转化是很痛苦的，比如说从一介书生变成一个职业警察。在我读大学的时候始终认为自己是书生，没喝过酒，也没见过罪犯。

1992 年大学从成都理工大学毕业后，我便从一个大学生转变为一名职业警察，很不容易。如果说读书是从文，当警察则是从武。再从警察变成领导的秘书，又是从文。

我曾经给县委领导做过秘书，也给市委领导、市公安局局长（市委常委、政法委书记）做过秘书。

后来，我辞去公职成了一名律师，这个转折也非常之大。

我在机关已经是中层干部，副处长，这个转变非常之大。所以对今天建锋主任安排的这个培训话题，我思绪万千，很想跟大家分享一下作为律师的成长经历。

成为一个律师，可能是很多法律爱好者的梦想。

我在读大学的时候就读过一本书，叫《我在美国当律师》。当时我写了一段英文："Be a great lawyer!" 然后，我就朝着这个目标努力，一直想做一个律师。

实际上，从 1996 年到 2006 年，十年时间里我都在做公务员，省里面的、市里面的、县里面的、乡里面的、村里面的，我还在村里面当过村主任。这个过程，对梦想成为律师的我来讲，真的太折磨，太不容易。

2005 年，我下决心辞去公职，报考江平先生的博士。

博士是我的一个理想，但我最终还是奔着律师这个目标而来的，我认为做一个好律师应该拥有博士学位。可能这是我个人的想法。我认为，成为一个博士，律师会做得更好。而且，读博士一定要读中国法学泰斗的博士，这可能有点偏激。

因为这样的想法，我付出了很大的代价。我报考江平先生的博士，从 2005 年到 2011 年先后考了六次。因为江先生要求他的学生各科成绩都是高分，包括英文、民法、商法。每次，我都差一点，特别是英语，但是我还是有幸在 2011 年考上了。

而我的下一个目标，就是做律师。从正式做执业律师到现在，已经接近十年。这中间，我也做过一家律师事务所的主任，现在创办平商律师事务所也是奔着律师的理想，我理想中律师的状态去做的。

在这个过程中，我对律师的培养确实感受比较深。

可能我骨子里有一种好为人师的思想，始终把律师的培养、律师的培训放在很重要的位置，一直在试图解决或者说探讨青年律师如何成才；如何真正意义上成为行业的精英，少走弯路的问题。

这个问题，我真下了很大功夫。

大家可以看到，我好不容易才成为一名律师，对此也是感同身受。很多加入律所的青年律师，实际上并不是法律专业的。即便是名牌大学毕业之后加入律所，他们也没有任何实务经验。在这个过程中，如何把他们培养好，不管他们以后在不在这个事务所，我认为这都是一种社会责任，应该把他们培养好。让他们觉得，在平商做律师的这几年，或者说在工作期间，没有辜负这一缘分。

所以，培养好青年律师，是我做事务所主任的一个很重要的课题。

二、律师培养的四个机制

对于青年律师的培养，我制定了四个方面的机制，具体如下：

第一，业务方面。业务方面我们要求全程参加，一会儿给大家分享我们在业务方面的一个创新，也可以说是在业界的一个创新，这也得到了领导以及学界很多专家的认可，就是头脑风暴，通过头脑风暴的方式使团队成员业务能力得到提升。

第二，薪酬体制。刚才建锋主任也谈到了计点制，我一直在研究业内很多大律师事务所的计点制度，实际上从 20 世纪 90 年代到现在，很多律所迅速地发展，成为业界翘楚，成为领袖，我个人认为，计点制功不可没。尽管现在律师发展各异，但是计点制度是有必要去研究的。

第三，文化氛围的构建。我们看到的都是有形的，无形的则是文化。我们希望在律所里构建一种文化，使我们的律师或者我们团队中的非律师员工，能够通过这种文化的熏陶，得到进一步提高。

第四，机制问题。对于律师晋升，我们有一个比较清晰的晋升机制，所以今天围绕教培委给我的任务，我从这四方面展开我们对律师培养的话题。

毕竟今天的话题是律师的培养，我认为，一个人要成为真正意义上的执业律师，成为职业精英，甚至业界大咖，最根本的，就是他的业务能力。

所以，我们始终把律师的业务能力放在一个非常重要的位置，甚至说是核心位置。如果律师在律所里的发展不是以业务为核心或者主体，那么，对这个律师的培养，我认为没有落到实处。

这个重要位置如何体现？我个人认为不应只体现在口头上，应该从机制上对其进行保障。只有在机制上予以落实，才可能真正实现业务的参与。

我本人是贵州人，我曾经看过很多王阳明先生的书。王阳明是浙江人，但是在我们贵州龙场悟道。他悟道并形成了著名的心学，即知行合一。

知行合一后来演变为很多思想，据说实事求是也来自知行合一。知行合一，我认为对律师这个行业尤为重要。

因为，我们这个行业，提供的是智力产品不是干体力活。我们律师更多的是提供智力服务，而且，这种智力服务，不同于一般的智力服务，是具有高度复杂性和创造性的智力服务。所以，我认为应该把律师的"知"，放到非常重要的位置。

但是，这个"知"怎么来解决呢？

我个人认为，从行业层面出发也好，或者从当下实际情况出发也好，很多人没有把律师的"知"，放在一个重要的位置，或者说我们采取的对律师"知"的获取，是比较简单且原始的。

比如说，师傅带徒弟。我们不否认师傅带徒弟，对律师的培养有价值，但这是有局限的。它最大的局限是什么？就是信息不对称。

师父和徒弟之间是垂直关系。师父水平如何，决定徒弟水平如何。师父和徒弟之间的信息，不是完全敞开的。比如说，师父知道的信息，徒弟不见得完全知道，徒弟的信息，也不见得完全会反馈给师父。因为，有时候徒弟比师父要强。

所以，我个人认为，传统的知识获取途径是垂直的、单向的。我们想要构建的知识获取途径，应该是立体的、多项的、互动的体系。这个体系如何构建？我个人认为，应该通过头脑风暴来解决。

在头脑风暴中，没有谁是绝对的师父，谁是绝对的徒弟。也许我们律所的每一个人，团队的每一个小伙伴，都是师父，每一个师父，他可能也是徒弟，并不是绝对的垂直，而是多项的。

具体到案件中，首先就是要保证头脑风暴参与人之间的人格平等。承办案件的每一个人，可能年龄、学历、性格各有不同，也有性别差异，但是坐在一起讨论案件的时候是平等的，因为不平等会导致不放松，不放松就不能形成自己优秀的智力成果。所以要突破单项的智力碰撞，必须解决的第一个问题就是平等。大家坐在一起是平等的。可能我们会说他是合伙人，他是主办律师，他是协办律师，会有这样一个分工。但是，在讨论问题的时候，大家一定是放松的、平等的，我们只向真理低头。

第二个问题，在头脑风暴的实施过程中，我们对案件进行焦点式碰撞，比如说现在参会的所有人员，需要就一个问题进行讨论。但讨论不是漫无边际的，也不是做流水账，一定要有一个焦点。为什么要有焦点呢？因为只有对焦点反复轰炸，才可能对这个问题的认识形成一个导向，有一个靶向性。我们在法庭上辩论的时候，法官在审理案件的时候，运用的都是焦点思维，绝对不是想到哪说到哪。

所以说，我们律师的思维和法庭辩论的思维，有相同之处，我们也应该有焦点式思维。头脑风暴最重要的一个点就是焦点式思维。在座的人在讨论一个案件时，要围绕焦点来讨论，不要讨论无关的事。

三、平商头脑风暴工作法

律师大多是在办案过程中成长起来的。这就需要律师在分析案件、办理案件的过程中通过头脑风暴锻炼自己。

比如说，我们办理一个信托案件，就要研究主办法官对于信托类业务的观点，这就是一个焦点，这个焦点我们要请所有伙伴一起讨论。根据承办工作的情况，有的时候二十多个人，有的时候几个人。大家围绕这个焦点，研究主审法官对于信托的观点。

我们的焦点和法官的焦点是不一样的，可能庭审的焦点针对实体或者程序，但是我们的焦点超越了案件的法律问题，也有非法律问题，比如说案件承办背景、案件新闻报道、案件司法政策，还有案件之前的一些背景。政府领导的讲话、观点，都可能会成为我们承办案件的焦点，我们要针对一个个焦点，进行集中轰炸。

刚才我说的案例是我们在天津的一个案子。我们把主审法官所有在法庭上承办过的信托案件，以及这些案件中的所有观点，全部梳理了一遍，形成了1万多字的笔记，焦点式地解决了法官对类似问题的看法。

还有，在我们做过的几个大宗纠纷中，有一件巨额标的的仲裁案件，该案件有一个非常重要的焦点，即申请人申请，我们是被申请人承担违约责任，对此，我们就提出一个问题：本案的合同效力如何？

效力问题恐怕是该案的一个重要问题，但是一般来讲遇到这种违约责任的纠纷我们考虑什么？违约责任过高要求调整，但不会想到对合同效力进行影响，从而对违约责任进行对抗，实际上这里也开拓了一个思路，当我们作为被告方遇到违约纠纷时，可以通过合同效力进行对抗。

一般我们讲合同效力就讲无效、可变更、可撤销、成立未生效这些有关效力的概念，但是很少用到合同失效制度，而合同失效这个制度实际上很有价值，原《合同法》第45条第1款规定，附解除条件的合同，当解除条件成立时合同失效。这是一个时效制度的法律渊源，但是我想问一下失效制度它的后果是什么，它和无效有什么区别吗？这些问题都变成案件里所要研讨的焦点。

我们围绕合同失效制度研究它的法理，研究了立法时主要立法人的观点。在 20 世纪 70 年代的一些政府布告中，往往会看到这样的内容："本布告颁布之日起，之前的布告失效。"类似这样的失效在法院公告和布告里用得比较多。

但是上升到民法层面的失效，据我们所知只有原《合同法》第45 条第 1 款，而且坦率地讲，学术界对失效制度的研究很少，更别说实务界，我们很少看到关于合同失效的判例，这个案子我们认为已经符合附解除条件的合同，解除条件成就这个合同应该失效，因为我们那个案件里它是一个合作开发协议，金额比较大，是位于两个地铁站交汇处的一个写字楼的合作开发协议。

结果双方就合作开发协议签订了一份补充协议，在补充协议里我们违约了，因为对方约定的事项我们没有完成，构成违约。按照约定条款算下来，我们要赔付十几亿元的违约金。这个时候，一般思维往往是这个案子真没办法，但我们团队的头脑风暴发挥了很大作用。

律师这个行业都说是精英，但是律师的知识结构偏向于单一，甚至比一些企业家的知识面窄，而且律师容易自信或者自傲，或者陷入经验主义。遇到这种案子往往陷入老律师的思维，要么说主体问题，要么说违约金过高，要么说条款计算违约金的方式，比如说重复计算，很少去突破既有的办案经验，特别是干了十几年，接触了很多年合同纠纷的律师。

但是头脑风暴能解决这个问题，我们在组织头脑风暴时向大家提出一个失效制度，并针对该案提出一个观点：因为合同失效了，虽然与无效不同，因为合同无效是自始无效，失效是失效附解除条件成就，但是自这个条件成就之日起它就不再发生法律效力，不发生法律效力这个合同就无法主张违约责任。

正所谓"皮之不存，毛将焉附"。不能主张违约责任，还可以主张其他责任。至于什么责任呢？因为我们是被请求人，所以我们不可能告诉你，但坦率地讲，从学理上我认为应该是合同变更的损失赔偿责任，应该另诉，不应该在仲裁中解决，仲裁庭最后反复斟酌同意了我们的观点，驳回了对方的仲裁请求。

这个时候我们就回到合作协议，同样也进行头脑风暴，这个案子形成了差不多 12 万字的内容，其中关于失效的问题 5 万字，可以写一篇硕士学位论文了。

之后我们行使法定解除权，这个法定解除权的行使我们做得非常扎实，在两个地方省级以上报刊发了律师函，给对方邮箱发催告、发微信、发短信，应该说法定解除权要满足的点——合理的期限、送达——我们都走完了，但是对方的律所搬了，有一个地址没送到。我们正在着急的时候，对方就给我们发了一个义正词严的律师函。

我收了他的律师函之后欣喜若狂。为什么？这表明他收到了，都是同行，我对他没有任何贬损，我只是说他真的不知道，因为法定解除权的行使非常在乎对方有没有收到。

我们第二次迅速启动对合作协议的解除，这个诉讼很简单，仲裁很简单，确认、解除、有效，因为我们已经解除了，法定解除权送达，我们确认这个解除，仲裁庭审查就很简单了，虽然这是一个很大的标的，但是审查很简单，就看你法定解除权的行使是不是符合法定条件，仲裁庭作这个仲裁非常容易，很快就做出来了，确认解除是有效的，解除有效显然对方就输掉了。

这个案子就体现了团队的头脑风暴。如果是一个人来做的话我想这里面很多概念都做不到位，比如刚才说到的失效问题，包括在送达的过程中我们去了三个地方。因为助理们的老家分别在这三个地方，就让他们回家休假，顺便把我们的律师函带回去，在当地大报刊上刊登，都是用了伙伴的力量，这就是团队协作还有头脑风暴的结果。

四、律师培养重在"知"和"行"

我们对律师的培养首先在"知"上下功夫，而不是"行"。因为大家选择做律师都会做好吃苦的准备，执行层面反而是其次。关键是大家不知道怎么做、怎样做，所以我们认为对律师培养的重点还是对大家"知"的培养。

头脑风暴也是我今天要跟大家分享的一个方法，所以我说与其谈一些道理不如分享一些方法。刚才我们说到了人格平等、焦点式，还有一个叠加式。在头脑风暴中一定要注意叠加式，什么叫叠加式？你第二次说话的时候重复的话就不要再说了，你的观点一定是新观点，在原来的基础上是新的观点，一层一层地，就像熔岩钟乳一样一层一层的，这样对问题的认识就会越来越扎实，越来越有深度，越来越专业。

我们对失效制度的研究最终形成了 12 万字的笔记。我相信我们团队任何一个人拿来就可以解决失效制度问题，合同失效的问题。我们甚至萌生出一个想法，写一本关于合同效力的书，合同效力居然能对合同引起这么大的后果，我们有没有好好研究一下合同效力问题呢？我们往往在很多时候分不清什么叫效力问题，什么叫内容问题。解除权利义务效力很多时候指的是内容问题，我们的效力是个状态问题，效力和内容是不一样的。

效力里面有这么多概念，不同的概念产生的后果也不一样，比如说无效问题、失效问题、可变更、可撤销、成立、未生效，这些概念对一个法律关系的影响非常大，我们目前没有看到理论性的书籍谈到效力群的概念，我认为这个是实践对理论的反哺，对我们团队成员的理论功底还有思维能力的培养提供了好处，所以这种方式能让我们律师克服"稻草主义"。

我们经常说我们法律人只看到法条，不考虑法理的思维叫"稻草主义"。稻草主义就抓住一个法条不放，不管其他的。像我们这样的系统研究，可以叫作一桶水主义。如果稻草主义遇到一桶水主义，我们对这个问题的研究已经形成了 12 万字的内容，而你只是一个法条或者两个法条，那你的对抗力就非常弱。因为到法庭上如果辩论意见发布之后进行深度比如说第二轮、第三轮的辩护，往往就看你的法律功底。

我前两天在某巡回法庭开庭，辩护结束之后，主审法官就问了补充协议里面的一个条款究竟有没有效的问题。

对方律师认为，后协议优于前协议，总共签了五六份协议，应该以后面为准。

我认为这个解释太一般了。你没有探求这五六个协议之间内在的逻辑联系。所以，这不仅仅是一个简单的后协议优于前协议的问题。因为，如果协议间不存在矛盾，就不存在谁先谁后的问题。除非在有冲突的情况下，这是第一个问题。

第二个问题，我们那里面有一个非常重要的条款，这个条款我们叫争议解决条款，这是一个法理，比如说在合同无效或者解除以后，它的争议解决条款仍然是有效的，它仍然是可以适用的。

这个案子里面，一审法院在这个问题上，我认为也犯了错误，他认为合同无效了，补充协议就无效了。但是他没有去探求补充协议是前面协议争议解决的条款。这一点在二审的时候变成了法官非常感兴趣的问题。

现在判决结果没有出来，我们抓住这一点，认为一审判决有问题，应该说争议解决条款应该独立存在，仍然可以适用。既然可以适用，那就说明我们这个案子根据争议解决条款，他的付款条款不成就，所以一审判决是有问题的。

举这个例子的意思是不管判决结果怎么样，至少我们通过头脑风暴对案件的研究是非常扎实的，给法庭呈现了一个非常不同的观点，是有非常扎实理论基础的，不是哗众取宠的。

头脑风暴，我们认为是在"知"的方面下功夫，主要是人格平等、焦点式、叠加式，还有一点是口语化。

为什么要口语化？因为我们在做头脑风暴的时候，口语化往往能够代表真实想法。当然里面贯穿法言法语没有问题，但是过于书面化，说的可能就不是真心话。这样，头脑风暴的效果就会打折扣。我们经常说的很直接，就是"说人话"。因为你在法庭的时候就要说人话，你不要背法条、法理，你要"说人话"。这个很重要。为什么很重要？因为口语化以后，记到笔记里面，在法庭上你翻开笔记的时候，很快就能激活你的记忆，非常快。

再举一个例子。前两天，在山西阳泉，有一个商事犯罪的案件，我是主辩，辩护中我们的出彩表现，实际上来自我们之前的笔记。那个案件"庭审直播"发布后，一晚上的点击量就达到了10万次。与之相关的一篇媒体报道的点击量达到了68万次。

我想，这里面能够反映律师团队，由于长期头脑风暴的训练，我们的表达能力以及临场应变能力非常强，为什么？因为有基础，不是一个简单的法条就说完了。对方是一碗水，你是一桶水，这当然是不一样的。

我认为，这种头脑风暴对我们青年律师的培养效果非常好。第一个优点是训练我们的口语表达能力；第二个优点是增强我们的理论功底；第三个优点是训练我们搜索法条的能力。

因为，在头脑风暴的过程中，每个人都要迅速去找到新的法条、新的案例，还有新的学术观点，并针对这些迅速地作出反应。找法理也好，理论功底也好，还有我们的技能，刚才说的口头表达、写作，还有组织能力都是在头脑风暴中产生的。

所以我说，只有在实战中，才能产生真正的律师。

平商的律师团队，经过头脑风暴训练后，每个人都能够侃侃而谈。原因就在于日复一日地训练。

我本人就沉浸于头脑风暴，并认为头脑风暴具有很大的价值，它能迅速地让一个实习律师成长为一个优秀的执业律师。

我们的律师，现在和半年前相比，变化很大。实习律师在半年前，写的文稿连话都说不到不点子上。但是，经过头脑风暴一次一次的专业训练，他会迅速从一个普通老百姓的思维变成一个执业律师的思维，这是不一样的。

为什么？因为老百姓考虑问题，更多是一种道理式的，即应该怎么样，不应该怎么样。而执业律师讲法律事实，讲请求权基础，讲法律逻辑，这与老百姓完全不同。

所以这种训练对青年律师来讲非常好，能让他从一个菜鸟变成一个专业人士，我们认为头脑风暴对律师培养具有非常重要的价值。

以上是我认为"知"的问题，接下来要讲的是"行"的问题。

律师事务所一定是实务型的事务所，要把案件落实到每个人头上。针对此，我们形成了一个制度：承办小组制度。

我们的律师，根据分工，分为主办律师、协办律师、办案秘书，还有辅庭人员。这样，就能把我们承办的案件，落到人头上去。实际上，这里面起主导作用的就是青年律师，也就是我们的办案秘书。办案秘书起到上传下达的作用，如文书送达、法官联络、会议召开，还有疑难问题解答。可以说，整体都是办案秘书在做。但是办案秘书下面，又分辅庭，辅庭人员往往是刚加入律所一年左右的实习律师。

秘书上面就是专职律师，专职律师执业往往在两三年以上。这样一个承办小组制度，能把头脑风暴的成果落实到小组，这个小组就会统分结合。

统分结合是什么意思呢？就是在律师的层面，我们有一个头脑风暴，有一个对案件的整体把控。但是，在操作层面，它却被分成若干个小组。

现在我们律所有 70 多个案子，可能就有 70 多个小组。小组又是交叉的，可能他在这里是辅庭，他在那边也是辅庭，可能在这边是秘书，那边是协办或主办。这样便会有条不紊。

因为，在宏观层面大家对案件都研究透了，在执行层面是责任到人，一定会把案子控制好。这样还涉及一个制度，即流程管控制度，这个制度推动人们去把案件推进下去。

对律师的培养，我认为应该在机制层面下功夫，而不是一种空谈。

如果机制上不解决对律师的培训问题，律师业务能力的提高则落不到实处。哪怕这个律所有很多大咖，又怎么能进步？

很多案件中，律师做的都是辅助性工作，那他也不可能提高。在一些所里，很多案件由于年轻律师的资历不够，他的观点没有人采纳，那就会有问题。

所以我的想法是，对律师进行培养，一定要让他充分参与案件，在业务中提高他的能力，这样我们年轻律师成长得才会快。

五、律所薪酬激励的问题

下面的部分，我说一下薪酬体制问题。

在我们律所的律师，不管有没有拿到实习律师证，或者是实习律师，或者是协办律师，甚至资深律师，不管他是哪种类型，我们认为他都是在为律所作奉献，他是我们律所宝贵的财富，不管他的级别怎么样，我认为他都是律所核心的资源。

律所肯定以律师为核心资源，所以，在薪酬方面一定不能马虎。

不谈薪酬的管理，是有问题的；薪酬跟不上，律师就得不到激励。因为，每个人都要养家糊口，哪怕刚刚执业的律师，或者说刚刚入门的律师，他也希望他的收入可以高一点。至少可以谈恋爱、孝敬父母，先不说买房，至少还可以买几本书。等条件好一点，再买房、买车、带爸妈去旅游。所以我认为，要尊重人性，人都有趋利的本性，不谈薪酬是没有价值的。

我 2005 年就进入律师行业做管理。在考博期间，我在一家律所做行政总监。因此，我对这个行业中的很多大所比较了解。实际上，这种二八定律已经分化到一九定律，甚至更严重。律师基本上没有享受到律所带来的红利，所以我们提出来一个概念，全员合伙的概念。希望在一个律所里面，收入能够和所有人挂钩。全员合伙，当然不是平均主义，它肯定有一个基础。如何实现真正意义上的相对公平？作为法律人，我想还是研究制度问题。

既不能搞平均主义也不能关系化，我喜欢他多一点，就多给他一点，我认为是不妥的。一味地发高薪，也是不行的。经营跟不上，单纯地发高薪不但不能解决问题，还会导致入不敷出。

实际上，我觉得要解决一个核心问题，真正做到按劳取酬，于是我们引入了计点制度。

关于计点制度，我曾在武汉京师做了一个讲座，讲了一整天，他们也非常感兴趣。这个计点制度我觉得每个所采用的程度可能不一样，像大的律所，比如金杜，他们用得比较早，但主要在合伙人层面进行分配，不涉及一般律师。有的所计点制度的运用，我个人认为，还没有进入角色，只是简单地计点而已。

对于计点制度的运用，我觉得它是个系统化的工程，而且计点制度要抓住它的精髓。

它的精髓是什么？就是通过点数的分配，量化我们所有人员的劳动。量化的设置，实际上是指挥棒。根据律所长远目标或者短期目标来进行调整，使所有人围绕目标，不是看钱而是看点，钱和点之间有距离，不是直接拿到钱。因为作为一个机构，不管是律所也好，企业也好，都是要有目标的。

但是，现在在律师事务所最大的问题在哪里？一家律所目标要求很高，但是我们在实现过程中往往手段单一。只看案源、只看钱、只看业务，这个就有问题了。

一家好的律师事务所应该各方面都要好，作为一个组织来讲你的需求是多方面的，但是在制度设计层面我们只看业务，而行政也好，品牌也好，知识管理也好，或者是我们的激励机制也好，都是其次，甚至可以忽略不计。

谁的业务高谁就是老大，坦率来讲，这种做法会导致律所失去战斗力，或者它的综合实力永远是畸形的。这个律所永远都是业务为王，案源为王，业务里面是案源为王，做业务有案源的人可能是老大，这不符合一个组织发展的趋势。

就像一个医院，不是医生的客户多医生就厉害，它统一分配，然后内科、外科、妇科、儿科，医生水平高可能收入会高一些，但是不会说这个医生病人多，医院全部收入就都是他的，他还提案源费，这是不可能的事情。

我想说，不少律所的生产关系，坦率讲是畸形的。只看到业务，而我们追求的目标是多样的，但是我们的产业结构或者生产方式是单一的，只看到业务，只看到钱。

比如说我们要去做其他工作，文化工作也好，品牌工作也好，或者说我们要做一些品牌的深度推广，或者做一个类似影音中心的东西，可能对律所和我来讲，都是不重视的，因为耗费太多了。

为什么？因为只看到钱。但是作为一个组织来讲，实际上需要做很多事情，收入只是一个方面，它的支出结构、消费结构才能决定这个律所的实力，或者说它的综合实力。

所以我认为，目前大多律所的管理模式，相较于一些国外律所，坦率讲还没有从一个整体战略进行布局。现在律所的合伙体制，我个人认为是扁平状的，每个合伙人都是独立的大咖。

但是，一个律所是很穷，律所层面没有节约，也没有战斗力，让我们拿钱出来养一帮行政人员，可能大家都会很不高兴，觉得钱花多了。但是，如果每个大咖都是平权制度，每个合伙人、高级合伙人各带一拨人，独立财务、独立行政，律所层面就很简单、很粗糙，你看很多律所的办公区域，就知道了，因为不愿意在整体装修方面多花钱。

我想说，律师事务所如果不从薪酬体制方面进行改革，仅仅看到案源，这个律所的战斗力就会出问题。因为我们在做案子的时候，绝对不能说谁的案源多，谁的业务能力就强，谁的业务多，谁的业务能力就强。不是这样的。有很多没有案源的人，或者说很有潜力的人，他没有案源，不等于在这个律所里没有贡献。

而且，在律所里有贡献的人，不能仅仅看到律师，非律师的作用也非常之大，甚至有些非律师的作用，远远大于律师的作用。有些律师也就签个字、出个庭而已，后面很多工作，都由别人做了，他们显然比律师作用大多了。

所以我们的管理体制，如果不进行调整，是有问题的。我们就用五六年时间做一个改革，主要是在计点制上下功夫。

六、平商律所的计点制度

平商律师事务所的计点制度是怎么做的呢？简单来说，就是把计点落到项目上。

首先是运营成本，这个成本包括房租、基本工资、行政开支、公关接待、税费、社保，我们初步定了50%，这50%有点像杨光会长说的统一收益率的概念，他定的是 60%，我们定的是 50%，可能他的基数比我大一点，在概念上有些相似，但是又不太像。就把它先刨开，然后我们就看到项目分红，还有发展基金，以及合伙人分红，这个合伙人分红是基于一个律所肯定有人投资，根据资本原则肯定投资人要分红，这个我们要保障。

律所发展基金，考虑到律所有长期需求，不能把钱分完。发展基金，我们要留 3%作为期权。比如说创收，我们今年节约下来有几十万元的基金，我们把它留着，作为期权，可能相应的对象就享受期权，但是不马上给你，你必须在这工作五年以上才能给你，就是把人员留住，把心留住。五年以后，你就能每年享受期权带来的分红，有可能发展基金每个人都可以拿几十万元。我们也兑现了一部分，十几年的老员工已经开始兑现。

项目分红是今天给大家讲的重点，就是计点制度计点之后究竟落在哪里。因为我今天时间有限，不能完全展开，大家可以关注我们"平商律师"的公众号，里面有我的视频讲座，还有我的文章，甚至计点标准都有，计点采集以后如何分配是我们的一个核心。

我始终认为，不要完全排斥提成制度，毕竟它有它的价值，一味地排斥也不切实际。

在计点制度中，实际上承办小组会迅速拿到 17%的收益。比如这个案子我拿到 6800 元钱，我们秘书拿到 17 000 元钱，我刚才说的助理才工作一年，那个月他的收入达到将数万元，因为有几个案子同时开始分红。这是不可思议的，因为有工资已经不错了，还有分红？

也就是说，在这个案子里不管他有没有做，当然我参与了这个案子，别人没做也可以分。什么意思？团队全员合伙的概念。这个案子不管你做没做，但是由于你对团队作出了奉献，你的贡献不一定是亲自承办这个案件。但是，这个做法会有什么好处呢？让他觉得这是他的家，别人做的案子，他也可以享受其带来的分红。因为人都有这种炒股心态，我把东西放那会有分红，我觉得满足这样一个心理。这样会让团队成员很在乎律所的案子带来的收益，而不仅仅关心自己的案子，关心别人的案子也可以带来收益。

计点制度问题比较复杂，我们有视频还有文章，我写的《关于计点制度推动律所一体化建设》，这篇文章在去年年会的时候得到了中国法学会的三等奖。

我想跟大家分享，计点制度不是绝对的，现在可能在团队中用计点制度是考核他每次的工作量，但是也可以结果为导向来进行考核，这个可以调整。

或者说，计点的范围可以针对全员，也可以针对合伙人，或者说针对部分律师。我认为这不重要，关键是我们要有计点的概念。

因为律所的价值目标，绝对不能只追求业务，不能光是业务说了算。有贡献的人，都应该分享律所带来的价值。我认为这才是计点制的精髓，而不是说哪些人分，哪些人不分。怎么分我觉得都不重要，因为标准是你自己定的，这就是计点制的好处。

它的价值在于，让很多人为了律所的目标而努力。

因为在计点标准中，实际上已经把目标设定了。大家要做的就是去奋斗，然后追求一个相对的经济效益。

为什么是相对呢？因为点数最后形成比例，比例是律所可以控制的，它不会增加律所大的成本，尽管我们会主动拿出一些费用给大家分配，但这是可控的。如果一个管理体制的财务情况是不可控的，那这个制度就有问题。

就像我们说高考法则一样，我参加高考考北大，只录取一名，那我们七八个人考，或者全国 1000 名考生报考北大只录取一个人，大家都非常用心，每个人都在争取更高的点数，但是点数再高也只录取一个人。

作为国家来讲，教育部来讲，北大的指标不会超标，它永远可控，但是对于个体来讲，由于他的勤奋努力，他的分数可能会比别人高得多，但是他却不能被录取。

总结一下计点制度的两个精髓。其一，是会对制度进行量化，为律所设定一个价值目标。其二，是会增加律所的财务成本，因为如果这个制度让财务成本无以复加，那是这个制度有问题，就像我们以前搞计件制或者计时制都会出现这种问题。

比如说有些外国律师过来服务，一上飞机开始计时或者计点或者计件，这合理吗？

我之前参与了清华大学一个引进国外律师计时制的项目，最后发现推进不下去。因为客户不认可，说你怎么回事，这个也计时那个也计时，而且这么多，比其他律师传统提成收费还高，因为你这样计下去他受不了。

所以你们看看，很多律师说我每个小时收5000元，每个小时收10 000元，只是说说而已，很少有人做，因为落不到实处。而且你这样会无限制增加客户成本，你可以告诉他，我一天20个小时都在计时，他是受不了的，或者究竟是8个小时还是9个小时，你如何来确定有效小时？都会有问题。那么，把计时进行控制，这个案子不能超过5个小时，实际上就不是计时，还是计件，控制一个时间那叫什么计时，那叫计件，不管你怎么做就是5个小时，做100个小时也是5个小时，这不是计时，这是计件，不是真正意义上的计时制度。

关于薪酬问题，因为牵扯到律师培养，不谈钱不可以，我们一定要谈钱，但是把钱要谈到明面上，要看得见摸得着，并且真正实现多劳多得，因为点数在那摆着。这个点数怎么形成，我们有一个钉钉的软件，大家可以自动填写每天的行程，像我今天来讲课都是有点数的。所以感谢大家给我创造这个机会来形成我的点数，我们今天团队来参加的五六个人都有点数。

七、律所的文化建设问题

下面说一下律所文化氛围的问题。

我认为律师事务所的文化，最根本还是要在"心"上下功夫。如果他心里认可这个律所，认可这个模式，那么，制度的运行也好，业务的操作也好，都是一个心外之物的问题。

如果"心"的问题解决了，心外之物就容易办了。所以我们要在"心"上面多做一些工作。比如说我的管理是相对扁平化的，没有太多层级，承办小组就把案件分配到位，运营团队几个人，就完全把运营的工作落实到位，没有太多层级，直接落实到人头。

还有福利制度。福利制度我们要体现对大家多方面的关心，比如说婚丧嫁娶、生日、疾病，都要表示心意，再就是一些节日，母亲节、父亲节、圣诞节、春节等，都要有礼物发给大家。

再就是休假。比如说到一定点数，因为福利制度也与点数挂钩，休假就也和点数挂钩，出国游也挂钩，但是那个可能会和他的期权有关系，作为一个奖励，和福利挂钩。

再比如办公室的环境，这也是一种文化的体现。我们的办公场所，是比较重视品质，或者说精细化的，也欢迎大家去参观或者指导我们平商所。我们办公面积接近 1200 平方米，就二三十个人，装修家具全部是美式的红橡木。我也写了一篇文章，就是关于律所装修装饰的感受。

我认为律所还是要重视装修装饰。因为客户会通过律所的装饰装修，来感受你的服务品质，比如说很小的一个细节，你的家具和家具摆设，就会让人感觉到律师事务所对品质的追求，所以我们很苛刻地追求装修装饰的品质。比如说对百叶窗，还有一些小摆件我们都很注意。律所应该比其他行业更重视装修装饰，因为你提供的是智力服务，而且是精细化的产品。律所装修不能像一个集贸市场，或者说非常粗糙的，这样会和你的律所不相称。

如果你定位提供高端的商事法律服务，你一定要考虑你的律所要有很多书，要有一个很好的氛围，要有很好的电子产品，可以随时给客户展示。还有就是茶具也要非常讲究，这样高端客户一下就觉得你这个律所能够和我配得上。这也是一个律所的文化氛围，你定位的客户群就决定了你律所的氛围，这个问题我们也做了一些探讨。

我们现在也对律师的上升空间做了一个比较明晰的设置。我们把两年内的律师分为一年级的律师助理和二年级的律师助理。一年级律师助理，他只能做辅庭，二年级的律师助理，就可以做我们刚才说的案件承办的秘书。再之上就是拿到律师本的律师，分一年级律师、二年级律师、三年级律师，还有高级律师和资深律师，总共五级。像我就是高级律师。

但是合伙人不一样，是投资关系形成的。但作为执业律师，则按这个级别走。每一个级别的基本工资不一样。刚才说，项目里面的项目分配以及项目分红，还有其他方面，大家是平等的，差别在于基本工资不一样。

你可能比别人高得多，可能入职就是几千块钱，高级律师、资深律师，可能就是上万块钱或者更高，区别在于基本工资不一样。但是，其他方面的区别，在于每个人的工作量。比如说你是不是主办律师，你是不是协办律师，还有你里面的点数是怎么样的，这些决定了你收入的不同，相应地就形成一个律师收入层级。

我们希望高级律师能够有上百万元的年收入；中间律师根据点数情况不太一样；普通助理收入是在 15 万元以上，现在看来没有问题。

实际上，我想跟各位分享的是，如果律所真的做到了一体化的管理，点数则只是一个手段。如果真正做到了一体化管理，大家团结一致，一个拳头打出去，那战斗力是很强的。所以我们看到，很多律所认为人多是优势，但是人多不见得战斗力强。

我希望把我们的律师队伍打造成特种作战部队。人少，但是战斗力强，拉出来就能战，战了就能胜。

所以，我们的年轻律师经常在法庭上叫板一些大律所的资深律师，最终竟然把他们打赢了。原因很简单，因为我们是几十个人一起战斗，他只是一两个人在战斗。

有的对手，甚至开庭之前才看材料，而我们的律师已经看了五六个月的材料，记了十几万字的笔记，你怎么和我们战斗？哪怕你是资深律师，经验丰富，但这案子你没我熟，事实没我熟，证据没我熟，相关的一些新的学术观点也没我熟，你只是有经验而已，那是不行的。靠经验吃饭的时代已经过去了。特别是我们遇到的一些比较新颖、高端的案件，争议比较大的一些案件，我们团队作战，胜算更大。

再比如说，我们预约合同案件里面就出现了很多法理的问题，因为很多人对预约合同和本约的关系，以及预约合同责任的承担，都没有一个清醒的认识。

在此情况下，他们匆忙上阵，甚至认为预约和本约是一样的，没有预约、本约之分，预约也是合同，本约也是合同，责任都一样。怎么可能呢？他没有研究预约合同，而我们研究了预约合同，已经记了五六万字的笔记。把梁慧星老师的观点，王轶老师的观点，最高人民法院的观点以及判例，还有国家市场监督管理总局的观点，全部都梳理了一遍，面对我们这样一个不说武装到牙齿，也有一桶水的战斗部队，他拿着一碗水，怎么和我们战斗。

所以胜负和是否为资深律师无关，我觉得和下的功夫有关。

青年律师的培养，也要从机制上来考虑，他的上升机制如果建立起来，他就能很快独当一面。

对于能够独当一面的律师，要调整他的管理方式和点数设置，要能够适应他独当一面的现状。他毕竟不是刚刚做这个行业，已经有成就感了，如何把他留下，让他觉得离不开律所，能够奉献更多的价值，而且觉得离开这个体制不适应，这就是我们要做的工作。

在青年律师晋升机制方面，我们还要做很多工作，能够把律师留下来，使其在这里比在其他律所或者说其他机构要更有价值，这是我们需要思考的。

总之一句话，我们认为对青年律师的培养不是一句空话。对律师的教育培养还是要落到实处，不仅仅是一个思想，也不仅仅是走马观花地说几句，还要落到律师业务里面去，落到律师管理的每一个部分，每一个角落里面去，让真正的青年律师能够更快地得到成长。

同时，年龄大一点的律师知识要不断更新、眼界要更开阔。因为律师这个行业不应该是一个故步自封的行业，我觉得律师应该像军师一样，应该能给企业家做智囊、做参谋，不能仅仅只懂法律，应该懂得很多，对高新科技、人工智能、互联网，对客户的行业，都要略知一二，否则怎么为客户提供产品呢？

我前段时间去阿里巴巴做了一星期的培训，并被选为政委。我发现一个问题，我在里面已经是个老人了，来参加培训的董事长、总裁都是"80后""90后"。所以我在想，我们律师再不发展，再不学习，就来不及了。维持现状，就是退步。因为这个时代已经变化很快了，你即使努力奔跑，也有可能原地不动。

现在是"90后"董事长，可能下一步"00后"董事长就出来了。那时候，你怎么为他服务？他说的原则和你不一样，而且很多人有国外留学的经历，他们都在国外待过，你随便说哪个国家的学校他如数家珍。

所以我想，教培委的工作，不管是年轻律师也好，老律师也好，或者资深律师也好，永远都要学习，都要培训，自学或者向别人学，或者大家互相学。

今天就讲这么多，抛砖引玉，谢谢大家，也欢迎大家到我们平商所做客。

【提问】

王朝勇：大家互动一下，陈波律师讲得比较实在，第一堂课请陈波来讲，就讲干货，所以说机会很难得，我看今天来的律师好多是资深律师，大家和陈波律师互动一下，看有什么问题。

律师提问：陈波老师应该说给我们提供了非常好的思路、理念和一些具体的方法模式，我岁数大了，您谈到的头脑风暴我很感兴趣，这个头脑风暴它是一种方法吗，是国内的方法吗，是激发人们思维开化的一种方法吗，那么这种方法怎样来定义它的内涵呢，这种方法它的适用条件是什么，怎么样在律师业务当中让它闪光，来发挥作用呢？谢谢。

陈波：谢谢，感谢提问。我跟大家汇报一下，实际上关于头脑风暴实际英文名字叫作 brain storm。据我所知是 1939 年美国的一名神经病理学家提出的这个概念，他认为头脑风暴是让智力发生碰撞，产生这种火花，产生创造性的成果，这个是它的一个基本原理，但很多行业都在使用。我们律师行业坦率讲更应该使用这个方法，我觉得我们这个行业不善于用头脑风暴，我在政府做秘书很多年，政府领导很善于用，只是他不认为这是头脑风暴，比如说重大局势发生变化时他一定会把各个部门的专家请过来，问一下你的意见，他的意见，然后综合发表意见，领导比别人聪明在哪？他善于用别人的智力产生他的决策。

我就在想，我在体制内待了这么多年，我觉得体制内的很多官员都非常聪明，他们的智力非常高，可以跨越很多领域，如计生局的局长当政法委书记他可以马上说行话，管医院可以把医院行话说得很好，做其他的，比如说企业，管企业他把企业的行话说得很好，管教科文他也会说很多专业语言。

我觉得这个问题可能还是思维方法的问题，善于利用别人的智慧，用别人的智慧弥补自己知识的缺陷和信息的不对称。所以我认为头脑风暴最核心的是解决信息不对称问题，像我们律师行业我认为存在严重的信息不对称，刚才您说的应用场景问题我认为是个案应用，因为太多的东西对我们没有价值，作为律师来讲我只关心个案应用，在个案里面这个头脑风暴能发挥什么作用，我觉得它能解决我们信息不对称的问题，比如说像老律师，像您是德高望重的老前辈，对这个问题的认识和刚入职的小年轻不一样，但是您的认识可能有局限性，为什么？因为这个问题可能不完全是这样的。

比如说现行法律有一些调整、修改，比如说我们遇到一个关于法院执行，首封法院和优先债权执行法院之间的冲突，这个前后观点是不一样的，以前的观点与后面的观点不一样，2018年的观点和2014年的观点还不一样。这个问题如果我们凭经验便不能解决。头脑风暴解决信息不对称的问题，我觉得信息不对称不仅仅是人和人的不对称，还包括人对资讯掌握的不对称，还有人和人之间获取资讯手段的不对称。年轻人随便拿一个软件就可以查到很多资料，比如今天一个伙伴说要购买账号，为什么要买呢？因为那里面有很多原创文章要付费，我说好，可以买。他有很多渠道是我们不掌握的。还有他用一些软件，比如说可视化软件，他把信息放进去一下就形成了可视化图片，这是我做不到的。

我们做一个回购案子的时候，这个关系特别复杂，持股人有上百人，上百个主体持股，我认为很难理顺，让我自己做我做一个星期都搞不清楚，我要手工画图。但他们把这些信息输入电脑就形成了两个图表，一下就把关联方之间的关系以及高管之间的关系展示得清清楚楚。头脑风暴就解决这种不对称，技术手段不对称、资讯不对称，甚至我们性格的不对称，因为有的人比较稳重，有的人喜欢奇思妙想，这种不对称也是有价值的。所以头脑风暴我认为核心是解决信息不对称，因为我们不是研究头脑风暴的专家，我是做律师的，我只关心它为我所用，用到什么份上，我是感觉头脑风暴对我们承办的业务，能够实现我们所有参与人员智力的碰撞，能够解决我们彼此之间信息不对称的问题就够了，事实上我们也在这么操作，至于怎么操作我刚才已经说了，焦点式、叠加式以及口语化和人格平等，通过这些方式进行头脑风暴，打造这样一个头脑风暴的工作方法，这就是我的理解，谢谢。

律师提问：我的理解、认识跟陈律师有点差异，它是一个方法，它是激发人们思维，破解问题的一种多元化考虑角度，激发的是这样的一种状态，一般人在考虑一个问题，应对一个问题的时候，他对问题全方位的把握和驾驭能力往往存在不足，头脑风暴就是集中大家的智慧，从不同的角度来破解这个方案，我的理解是这样。

陈波：我同意你的观点。

律师提问：老师好，有一个问题想请教您，您刚才说到争议条款，即使这个合同无效要终止，但是争议条款它是独立存在的，我在工作当中就遇到了这样的问题，因为在建设工程领域，存在大量违法分包、非法转包现象，所以很多合同无效。工作过程中涉及哪些条款，包括约定管辖、仲裁这些条款，我能真正认定它属于争议解决条款？合同是无效的，可这些条款它是有效的，这个就一直在困扰我，哪些条款可以归纳到争议解决条款，哪些内容可以归纳到这些条款上？

陈波：我觉得这个问题太具体了，类似这样的案例我们经历过很多，我觉得今天这个讲座要讲哪些条款难度太大了，要不我们下来再说，因为这是具体的法律应用问题。

律师提问：陈律师您好，咱们所案源这一块来源是怎样的？比如说有的律师他的案源非常多，在分配的过程中有没有失衡的现象，大伙对这个问题是怎么解决的，我觉得这个挺重要的，一个律所可能有大咖，他的案源会非常多，这种情况下他的利益怎么保证？

陈波：刚刚您说了至少三个问题，这个问题可能不是一个怎么处理的问题，而是说一种理念的区别，因为我们律所的案子不是谁的，是大家的，是整个所的，不存在谁是大咖谁的案子多，然后失衡的问题，进来以后就是大家的，然后你的利益怎么保障？通过点数的设置，比如你有案子没案子不重要，你对案子的付出才重要，实际上我们的理念是把案源放在不重要的位置，特别是个人案源，我认为这个理念不突破则很难进行一体化管理，因为你就会围着案源转，谁的案源多谁就是老大，整个律所什么公式化、一体化都是假的，案源问题不解决还是谁的案源归谁的还是传统方式，你不把案源问题突破谈一体化没意义，这是我想说的第一个问题。

第二个问题案源怎么来，我认为还是这个话题，如果你要做一个相对一体化的律所，你的案子就不应该是等着个人的案源，应该有一个律所的整体品牌战略，通过事务所来做案子，更多为我们表述的公共案源。实际上我们的很多案子与其说是冲着我来的，不如说是冲着这个事务所来的，因为他觉得你的管理体制是这样的，我们很多案件找上门并考察以后，了解我们案件的承办情况，以及我们之前的一些案例，最后客户认为这个所可能更好，因为我们能够集中精力，以全所之力做一个案件，今天我们来了五六个人，大家都感受到了我们一起来做案子的这种智力的碰撞，和师父带徒弟两个人做案子别人根本不知道他们在做什么就完全不一样。

所以你说的这个问题，案源怎么来，对我们来讲可能真不是一个问题，因为我的精力放在做好案子，案子怎么来的问题也不是律师去考虑的，更多是靠整个律所品牌战略的打造，比如说我们有一个影音中心，有专门的品牌总监，还有专门的摄像人员以及写作人员，这是通过整个律所打造营销，去获得案子，可能我们希望更多是通过这种非人际的，不是熟人关系去获得案源，当然熟人我们也不排斥，我认为如果不淡化案源的归属，律所还是会回到单打独斗的状态，还是会围绕案源转，一体化也好，头脑风暴也好，大家一起来计点也好，根本实现不了，这是一个根本问题，我认为我们不突破这个问题就很难实行计点制度或一体化管理，还是变成个人一条龙服务，整个生产线自己完成，哪个所对我不重要，我最重要，因为我可能完成所有生产线，也许我们这种坚持有点偏执，但是我们想尝试一下这样下去好不好，至少我们认为工作效率比较高。

我们团队的原则是不加班，为什么不加班？因为你效率很高，很多案子就通过团队化来解决了，你在操作层面很简单，写一个文稿也好，去法院也好，都是很简单的事情，因为案子已经被你吃透了，说得很透了，大量的加班是无用的加班，是在做自己不知道的事情，在做搜索，或者没有经验去整理，或者说你没有人配合，我觉得如果你能够解决"知"的问题，就有了充分的支持，研究透了根本就不需要太多加班，因为很多加班真的是无用加班，当然除非有必要，特别是有一些案子需要尽调，需要搜集资料，需要做一些体力活，但是我们也会采取分配方式。

我们有一个案子涉及侵权纠纷，网络侵权，帖子有560多万，这样的帖子我们差不多在半年的时间里，几十名团队成员，不管律师、非律师，迅速地把它删掉，通过发函、私信、技术手段、公证、诉讼等各种手段把它删掉，如果没有团队做不到，凭个人体力难度非常大，现在基本上侵权的信息很少了，我认为我们两个谈这个问题是一个根本理念的区别，谢谢。

王朝勇：我可以借这个问题补充一下，其实一个律师获得案源不仅靠品牌，还有回头客，像陈波律师原来做过其他所的主任，现在又在平商所当主任，本身又是江平先生的博士，为什么请他来讲课？他对案件的把脉，包括营销，包括案件的效果都有自己独特的见解。我写书写了二十几本，讲课、办案、写书都能带来案源，这案源到底怎么来很复杂，多种原因导致一个结果，每个人不一样，关于内部培训，看大家还有什么问题？

律师提问： 陈老师您好，我的问题主要针对刚才您所讲的第三个模块文化氛围构建这部分，这里边提到好氛围的创造离不开一个好活动，可能由于时间问题，希望您能够具体举例也好，或者跟我们再分享一下一个好的活动怎样策划，尤其是针对律所这样性质的组织，好活动的定义是什么，它的侧重点在哪里，我们需要注意什么问题，谢谢您。

陈波： 因为文化工作我们很难说做得好，我们只能说争取做好。目前而言有些活动我给你分享一下，比如说过年的时候我们有一个新年穿新衣的活动。律所统一定制一套职业装，新年穿新衣，每个人在过年的时候穿上新衣服，不管是刚刚入职的员工还是老员工，这是新年穿新衣活动。

我们还有一个年终购买年货的活动，给家人邮寄我们买的年货和土特产。

我们还走了很多地方，比如齐鲁行，爬泰山、去青岛。我们准备策划一次内蒙古游，还会去贵州、新疆、苗寨等四五个地方。我们租一个车，一起唱歌，专门有人负责吃住行，完全把工作放开，在车上一直唱歌，这样的旅游是我们的保留节目，我们争取每年至少举办一次。

去年冬天，我们去一个温泉景区住了三天，冬天温泉泡脚，类似这样的活动，每年差不多有四五次。

平时，我们会不定期组织看电影或者分享。生日有生日活动，大家一起唱歌、吃饭。除了福利活动以外，更多在业务中形成的支持还有尊重，以及信任，因为我们是办案小组制，通常一个小组出去做案子几天才回来，这种很容易形成团队互相尊重、互相信任、互相支持的文化氛围。

福利制度无非就是让大家有一种荣誉感，我们有基本工资设置，让每个人都有基本工资，形成安全感。我们的计点工资会让人有成就感，项目分红会让人感觉到自我价值的实现，因为这个律师事务所居然会给我分红，我想这是一种幸福感，这也是我们文化的一部分。

刚才说的办公场所和办公场所的布置，我想也是一种文化氛围，它会让人感觉很舒服。我觉得律师办公室一定要注意通风，有阳光，我之前在一家律所，几年时间都看不到阳光。有一次打扫空调的时候，居然有两只老鼠从里面跑出来。外面天气很好，但是不允许打开窗户，接触不到外面的绿色和空气。我们都是在一个封闭的环境里面，所以我们的律所，窗户一定要能打开，然后空气要好，要有阳光，不管房子条件怎么样。

活动是载体，通过载体来实现文化，但更多是通过业务，通过大家在一起的合作，团队是紧密型的，可能这种信任感会加强。我们团队也是来来往往很多人离开，很多人进来，我从来不担心这个问题，走的人我们也要欢迎，吃个饭，再送一个拉杆箱，送一个合影。为什么？因为律师这个行业你不要去试图留住谁，特别是律师，他走是很正常的，走有很多原因，这个也是文化问题，有可能你这个所不好，有可能他自己想走，或者他家里面有事，我们有一个律师他说他结婚了，他要去山东，那你肯定留不住。我觉得，只要有人想走，一定不要去留他，想走的人不要去留，他肯定已经下了决心，"铁打的营盘流水的兵"。

我作为律所的管理人考虑的是平台，是文化。人来来往往都是缘分，我们有一个群叫"天下商法朋友群"，凡是从这出去的人就在群里，现在已经100多人了。从我们这个团队出去的，甚至还有十几个国外的学生。现在做检察官的，做法官的，从我们这出去考公务员的也有二十几个，还有去其他律所的，还有做老师的，读博士的，我觉得反而形成了一个很好的氛围，在这里不在这里都是我们自己的人，我们的朋友遍天下，因为前前后后我确实带了很多学生，本身在高校里也当兼职老师。

所以我想说，文化不要太狭隘，它是流动的，是包容的，不管在不在这个律所，他只要在这待过，哪怕待很短的时间，一个月或者是十几天，我们都很认可这个缘分，谢谢。

（注：内容根据培训录音整理，有少量删节）

专业化是律所的基石，
律师是律所的灵魂

——青年律师如何突破瓶颈制约获得案源机会

北京市京师律师事务所投资合伙人　刘志民 ◇

第一部分　专业化是律所的基石

何为基石？在百度百科中搜索"基石"，词条显示：基石，做建筑基础的石头，比喻基础或中坚力量。那么，何为一家律师事务所的基石？专业化。

何为专业化？专业化意味着更专业、更高效、更有利于控制风险，但同时也意味着有所为，有所不为，这就必然会放弃一些与选择的专业领域不相关的业务。

一、青年律师的自我要求与自我管理

实践中，我们经常听到一些同行提起，选择专业化道路，尤其是前期的时候，经常会面临生存与发展的矛盾。这种"阵痛"也是实现专业化的主要障碍之一。要更好地解决这一问题，我认为准确选择合适的专业方向很重要。在选择专业方向的同时，青年律师还应当在走向专业化的过程中注意以下几个方面，提高自身的执业能力和专业化水平。

（一）标准化

特定领域的法律工作主要类型是基本固定的，在此基础上，我们可以考虑将以下工作标准化：

（1）法律文件标准化，制订普遍适用的文件模板；

（2）工作流程标准化，设计合理的工作环节、流程和团队分工；

（3）工作方法标准化，就特定事项采取的工作方法制定统一标准，并严格执行。

通过上述标准化安排，提高工作效率和团队合作效率，提升工作质量，同时有效控制执业风险。但标准化并不意味着一劳永逸、一成不变，针对每个项目的特殊之处，也需要进行个案调整，在发展中不断优化。

（二）团队化

一方面专业化的工作意味着更多细分领域需要分工协作，另一方面标准化的工作也使高效的团队协作成为可能，因此，更好的专业化需要团队化的协作。团队协作也有利于在某个专业领域形成集合效应，各个成员之间取长补短，相互学习也相互促进，既有利于提升法律服务的质量和效率，也有利于汇聚更多相关领域的业务资源。

团队化并不仅仅意味着只采用"合伙人+助理"的模式，对律所来说，内部专业部门的设置与运行，也属于团队化的一种制度安排与实践。事实上，许多律师事务所，内部都进行了专业化部门设置，对执业律师进行归口化管理，从而形成更专业、更高效的合力。

（三）知识管理

可以被保存与分享的知识才是有效的知识，有效的知识管理对于专业化建设也至关重要。

知识管理工作包括定期的相关法规收集与更新、特定问题的法律研究与案例分析、通过撰写与分享专业文章进行经验与知识总结、定期组织相关领域的业务培训、共享资料库的建立与及时更新等。进行知识管理，既有利于保存以往的专业知识与经验，避免重复劳动或错误，提高工作效率，也有利于提升团队工作质量和协作水平。

（四）办公技术革新

在信息化的互联网时代，办公技术的革新对律师的工作产生了非常深刻的影响。20 世纪 90 年代初期的许多律师，草拟法律文件还基本依靠手写，现在电子化办公已经成为律师的日常。以往的法律检索需要查阅大量的纸质法条、书籍等，费时费力且准确度不高，现在利用电子检索系统，可在几秒钟之内完成对海量信息的检索且结果非常精确。尽管人工智能取代律师的工作只是个构想，但未来办公技术的革新（如协同办公软件、云存储技术的运用等）毫无疑问将有效提升前述标准化、团队化、知识管理等方面的水平，成为律师专业化发展的加速器。

二、青年律师走向专业化的必经之路

（一）尽早确定专业化方向

律师如何专业化是个不断被大家讨论的问题，大多数律师认为，律师专业化是一个大方向。但现实是，如果过早地专业化可能会面临生存的压力。这种观点不无道理，但我认为，既然专业化是一个大方向，那么，就应该早做准备。其实专业化越往后越难实施，因为那个时候你并非一张白纸，市场需要将此前对你的认知抹去后再贴上新的标签，这比一开始就在一张白纸上贴标签更难。

还有人认为，过早地专业化，对其他领域的法律一无所知，知识面太单一。实践中，确实也会有这样的情况存在。我认为解决的办法是，依然坚持专业化方向，在逐步走向专业化的过程中，也有意识地对其他法律领域进行适当学习，在律师执业初期可以尝试做不同案件，但这种做法不应持续太长时间，在后续对外推广和服务过程中尽量不要什么案件都做。这样也许会在短时间内失去一部分案件收入，但从长远角度来说，对专业化定位是非常必要的。

（二）储备必要的专业知识

具备深厚的专业功底是律师专业化的基础。众所周知，律师是一个靠专业知识吃饭的行业，专业知识的积累决定了律师在这个行业能走多远。很多律师轻专业重市场，依靠精美的包装获取客户信任，殊不知虽然这一次客户基于你的精美包装把案件交给你，一旦他发现在服务过程中你的专业能力达不到要求，客户不会再委托你第二次，甚至在这个过程中还容易出现纠纷，"不专业"的口碑会越传越远，最终，所有的客户都会远离你。

关于专业知识的储备，有两点需要注意：第一，律师需要将专业知识体系化。拥有坚实的法理、民法、刑法、行政法等方面的基础知识，同时又能够在此基础上建立专业法律领域的专门知识，类似一个金字塔，而要建立这样的法律知识体系，需要长年不断地学习。第二，要注重对案例的学习。律师毕竟从事实务工作，说通俗一点就是要能够"解决问题"，因此，律师应当通过对实际案例的学习加深对法律条文的理解。另外，案例学习也能够让律师知道法律适用的标准，这对律师执业非常有帮助。

（三）跟随专业律师学习

律师在执业初期，由于刚入行，对这个职业一无所知，常常处于迷茫状态。这时候，你需要有一个专业的师父带教，带教律师所从事的法律领域最好与你未来的专业化定位一致，这样你可以缩短专业化的时间，增加成功的概率。你从专业律师身上学习的东西不仅是他的专业技能，还有他为人处世的态度，包括如何与客户相处、与法官相处、如何协调沟通、如何放平心态等，这些对你未来的执业都会产生很大影响。

（四）积极参加行业内的活动

参加行业内的活动主要是解决职业交流的问题，我发现交流是迅速提高执业技能的有效途径。因为每个律师所办理的案件总是有限的，交流能够互通有无、分享经验。特别是刚刚执业不久的律师，积极参加一些讲座、研讨会、沙龙等行业活动，向优秀的前辈学习请教，在获取知识的同时，也可以让行业内的人认识你，说不定还能得到工作机会、合作机会。

但我不赞同毫无准备地参加一次活动，你需要提前了解活动的主题、出席的嘉宾、演讲的内容甚至背景材料等。做到有所准备，这样的交流才有效率和质量。对于一些毫无学术价值的纯商业活动，可以少参加。

（五）通过各种途径发表自己的专业观点

律师应当通过各种途径积极发表自己的专业观点。这是让客户和同行认识和了解你的重要方式，比如参加行业交流活动，应当积极发言，在发言之前应当先介绍一下自己。如果遇到采访机会，更应珍惜，并做足功课，力图有理有据，树立专业形象。

在这里，我特别要强调的是，作为一名专业律师不但要具备优秀的口头表达能力，还要有优秀的书面表达能力。要善于将自己实务工作中的经验进行总结，形成文字。要勤于写文章、著书立说，因为文字的传播速度和范围比语言更快、更广泛，更容易被同行和潜在客户接触到，也更容易树立专业形象，这也是律师专业化的一条捷径。

（六）特定专业方向的宣传推广

"酒香不怕巷子深"的时代已经一去不复返了，面对竞争日益激烈的法律服务市场，律师光凭专业知识恐怕难以立足，因为优秀的律师会越来越多，客户如何知道你的存在？所以，律师专业化的重要一环是对专业方向的宣传推广，这种宣传推广应建立在实事求是的基础上，不能夸大，更不能欺骗。前面讲到的著书立说从某种角度来讲，也是宣传推广的方式之一。

这里着重要说的是，律师对自己执业领域的宣传推广，包括对自己办理案件的宣传、对自己所获奖项的宣传、对自己所处团队的宣传等，应借助宣传册、网站、微信、微博等手段来完成，而且要及时更新。至于宣传推广的受众，则包括潜在客户和律师同行，因为很多专业律师的案件都是同行介绍的，连律师同行都认可你了，客户自然也会认可你。

（七）承接一定数量的专业案件，哪怕收费不高

专业律师的代表作就是他办理的本领域案件。举个例子，如果有律师称自己是刑事辩护律师，但他没有办理过多少刑事案件，其势必不会取得客户信任。我们经常会遇到客户要求提交有过办理类似案件经历的材料，这就需要专业律师对专业案件的积累。

在执业初期，你所遇到的专业案件可能并不多，这需要你沉下心来协助你的带教律师共同办理案件，一方面是积累办案经验，另一方面也是在积累业绩。但应当遵循实事求是的原则，对于那些你只做了部分辅助工作的案件，不应算作自己的业绩。待你经过数年的学习，具备一定的专业技能和经验，这些自然会在案件中发挥更大作用，也会有案件找到你。因此，在专业化初期，我建议把收费放在次要位置，应主动承接一定数量的专业案件。这些经历对你后续律师专业化非常有帮助，所有你前面失去的，后面都会补给你。

（八）寻找志同道合的专业化团队，融入其中，与之共同奋斗

前面讲的都是律师个人的专业化，其实律师个人专业化的终极目标是融入一个专业化团队，以专业化团队的形象出现在客户面前。这时候，你的定位与团队的定位相辅相成，会产生协同效应，能够为客户提供更优质的服务。

实践证明，这种团队服务模式给客户的体验更好，客户更愿意接受。许多客户愿意将法律服务全方位委托给我们处理，不再像以前那样不同业务对接不同团队，不仅增加了各种沟通成本，相互之间也无法有效协调。

第二部分　律师是律所的灵魂

何为灵魂？灵魂是一个汉语词语，一指迷信认为附在人的躯体上作为主宰的一种非物质的东西，灵魂离开躯体后人即死亡；二指生命；三指精神、思想、感情等；四指人格、良心；五指事物中起主导和决定作用的因素；六指产品中流露出的能够被使用者认同的价值观念。

人类学家之研究，推测距今两万五千年至五万年前之人类，已具有灵魂之观念，或人死后灵魂继续生活之观念。然大抵而言，原始人所具有的简单古朴之灵魂观念，往往含有强烈的物质性格。直至哲学发达之后，人类之灵魂观才开始趋向非物质化之"精神统一体"。

一、律师永远是律师事务所的灵魂

律师事务所的性质，在改革以前，属于国家单位，属于事业单位。律师体制改革后，非国有的律所变为事业组织。律师事务所无论是国有、合伙、合作或者其他形式，都属于非企业性质，都以为社会做一定的事业为主要目的。从目前市场上律师事务所的经营情况来看，大部分是自收自支。《劳动法》已将事业单位和民办非企业单位两种归为社会事业性质的组织。合伙律师事务所可以采用普通合伙或者特殊的合伙形式设立。合伙律师事务所的合伙人按照合伙形式对该律师事务所的债务依法承担责任。设立个人律师事务所，除应当符合该法第14条规定的条件外，设立人还应当是具有5年以上执业经历的律师，设立人对律师事务所的债务承担无限责任。

可见，除个人律师事务所外，律师事务所主要采取的模式是合伙制，具有典型的人合属性，即律师事务所的灵魂还是人。法律服务行业的最大特点，是服务高度专业、高度依赖于人。把更多的律师吸引进来是一件事，提升律师的服务能力和服务品质是另一件事。因为改变人，不容易；批量地、整体地改变人，更不容易。一个律师事务所，就是把一群志同道合的人汇集在一起，打造、凝聚一个具有一致方向、目标的共同体。

二、律师事务所"灵魂"的高标准与严要求

就"律师"的属性而言，包括：其一，具有一定法律知识，按现行《律师法》之规定，是具有"高等院校法律本科以上学历"之法律知识或"高等院校其他专业本科以上学历具有法律知识"；其二，通过国家"法律职业资格考试"，取得资格；其三，经国家司法行政部门批准，取得执业证书；其四，为社会提供法律服务，并以此为职业。

因此，律师是指通过国家法律职业资格考试并依法取得律师执业证书，接受委托或者指定，为当事人提供法律服务的执业人员。律师的性质就是为社会提供法律服务，是职业的法律服务工作者。

在上述四项基本特征中，第一项或一、二项为其他法律工作者，如执法工作者、司法审判工作者（法官）、司法检控工作者（检察官）所共有；后两项为"律师"这一法律工作者所独具。

既然我们作为为社会提供法律服务，并以此为职业的法律工作者，就必须对自己提出更高的标准和要求：

（1）要有良好的自身形象，律师作为提供法律服务的知识阶层，在法庭内外都必须维护法律的严肃性。律师在法庭上要求着律师袍、带律师徽章，在法庭外通常要求衣冠整洁、西装革履。

（2）要具备深厚的法律理论知识和丰富的实践经验，这是律师

工作的根本。法律学科崇高且博大精深，只有具备坚实的理论知识和丰富的经验，对法律的运用才能游刃有余。

（3）要具备良好的逻辑思维能力和分析判断能力，分析千丝万缕、错综复杂的案情，从中找寻有利于自己的证据，并形成辩论意见。

（4）要具备良好的表达能力，能将自己的学识表达出来，衡量一名律师是否专业的标准，很大程度取决于他是否能言善辩，在法庭上滔滔不绝地阐述他的观点，激起整个法庭的共鸣。

（5）要具备承受压力的心理素质，律师在诉讼中要承受来自当事人、证人、法院、公诉人等各方面的压力。

（6）还要有时间观念，只有律师的工作时间与国家司法机关一致，才能确保工作的准确性。

第三部分 基石+灵魂=律师事务所的生命

在我们团队，每一起案件至少有四名律师为当事人提供服务，分别是：主办律师、协办律师、办案秘书以及客户服务专员。除此之外，团队还有专门的知识管理专员和自媒体编辑人员，分别负责业务流程梳理和维护、法律检索和案例检索、团队微信公众号的维护和推广，永远保持专业化，更好地服务客户，巩固基石。

此外，律师事务所属于服务型组织，通过人员提供服务给客户，员工是第一位的，员工的心智、情绪、技能直接影响着服务的标准与质量。要维系一个一体化团队的成员在一起并共同进步，归根结底靠的是共同的信仰、共同的使命感和价值观。正所谓三观一致，才能使合伙走得远；三观一致，才能在诱惑、矛盾面前不忘初心；三观一致，才能在共同的道路上，吸引更多的人加盟，为共同的梦想奋斗。回想正道团队中集结的都是以共同价值观为基础，追逐同一梦想的人。

青年律师要巩固专业化基石，提升自身素质，参加团队建设，不懈努力才是自身发展的重中之重。

第四部分　抓住机遇获取案源、承办经典案例
——以笔者切身经历为例，详细讲述如何承办经典案例、开拓更多案源

一、"跨5000公里伤人错抓案"律师依法辩护成功阻断一起错案的延续——张某伟案

2016年1月24日20时许，四会市城中街道某酒店停车场发生了一起因汽车倒车引起的故意伤害案件。四会市公安局接到报案后，及时进行立案侦查。经侦查发现，涉案车的车主为张某伟，之后警方调出张某伟照片，经案发现场目击者指认后，将张某伟列为犯罪嫌疑人。

3月8日，张某伟被广东警方列为网上追逃对象。

同年4月25日，张某伟在北京旅游时被北京警方抓获，随后四会警方以涉嫌故意伤害罪将其刑事拘留。

5月9日，即张某伟被批准逮捕的最后期限，四会市人民检察院对张某伟作出不予批捕决定，之后，张某伟被释放。

事发后，张某伟家属找到京师律师事务所的律师刘志民、王殿学，请求两位律师为其儿子伸张正义、还其公道。两位律师听完案件经过后觉得该案很蹊跷、复杂，必须尽快处理。当天晚上就动身前往广东省四会市，有些要准备的材料也都是在飞机上完成的，到达四会后，两位律师在看守所外等待，其间王殿学律师在石头台阶上完成了向有关部门递交的律师辩护意见等材料。

会见了案件的当事人并向其了解情况后，两位律师对了解的情

况进行充分的分析认定张某伟是无辜的，可能是所谓的"套牌车"惹的祸。两位律师没有停歇及时与其家人沟通寻找当事人不在现场的证据，也调查了张某伟所有的通信记录以及乘车记录。

调查发现，案发当天 10 时，张某伟在内蒙古自治区赤峰市上健身课，并不在 5000 公里之外的四会行凶伤人；案发前后也均无张某伟前往广东省的飞机、高铁、汽车等乘坐记录；广东省内也并未出现其手机漫游信号；张某伟新车的里程表显示只有 3346 公里，而赤峰到四会的单程距离约为 2500 公里，来回至少 5000 公里，这与里程表数完全不符。所有的证据显示张某伟是被"套牌车"所害。

之后，刘志民律师与王殿学律师多次与四会警方交涉，并向其提交了人、车均不在广东四会的证据，但一直没有得到警方的回应。眼看检方的批捕期限将至，两位律师万分焦急，再次与四会警方交涉，最终，在批捕期限的最后一天即 5 月 9 日的晚上 8 点四会市人民检察院才作出决定，那一天广东四会天气时刻变化，偶有倾盆大雨，当事人及律师从早上 9 点到晚上 8 点，一直在检察院门卫接待室等待。四会市人民检察院对张某伟作出不予批捕决定后，一直到深夜，律师与家属才在看守所外接到张某伟，并取得释放证明。5 月 14 日，张某伟与家属在赤峰市红山区公安分局领取侦查终结通知书和解除取保候审决定书。

5 月 16 日下午，广东省肇庆市、四会市的四名警察来到北京，正式当面向张某伟道歉。

其中一名四会市公安局分管刑侦的副局长表示，他们是受广东省三级公安机关委托正式当面向张某伟赔礼道歉："这不是敷衍，错了就是错了，必须纠正，希望你们能接受我们的道歉，并请求你们原谅。"四会市警方同时也表示，将采取有力措施，尽快将涉案犯罪嫌疑人抓获归案。经全力侦查，5 月 23 日，肇庆警方将该案的犯罪嫌疑人李某抓获归案。经审讯，李某对套用车牌及故意伤害他人的违法犯罪事实供认不讳。6 月 2 日，犯罪嫌疑人李某被依法执行逮捕。

与此同时，肇庆市公安局成立由纪委、督察、法制等部门组成的调查组，同步开展执法过错责任倒查及追责工作。根据调查情况，经研究，相关部门依法依规对四会市公安局主要领导进行诫勉谈话，并分别对相关责任人作出严肃处理。其中，负责该案侦查工作的民警区某被行政撤职并调离公安机关；城中派出所所长吴某被撤销所长职务；城中派出所刑侦中队中队长郭某被撤销刑侦中队中队长职务；城中派出所教导员郑某被处以行政记大过处分；四会市公安局副局长潘某被处以党内警告处分。

肇庆市公安局、四会市公安局表示，将深刻吸取教训，认真剖析并纠正执法中存在的问题，进一步加强执法培训，切实提升执法水平，避免此类事件再次发生。

2016 年 11 月 5 日在第十二届全国人民代表大会常务委员会第二十四次会议上，最高人民检察院向全国人民代表大会常务委员会作出了《关于加强侦查监督、维护司法公正情况的报告》，此报告中第三项强化人权司法保障，依法保护诉讼参与人合法权益中专门提到"广东省四会市人民检察院在办理'张某伟故意伤害案'中，辩护律师提出犯罪嫌疑人不在犯罪现场的意见，检察机关经调查核实后排除其作案嫌疑"。

二、李某义抢劫运钞车案开庭——律师建议报最高人民法院特殊减刑

新华社报道：大石桥中国农业银行的一辆运钞车被车上的四名工作人员劫持，车上运载有 3500 万元现金。一名犯罪嫌疑人被警方抓获，另外三名犯罪嫌疑人在逃，当地公安机关正在全力追捕中。

2016 年 9 月 7 日晚，《新京报》报道：7 日下午 1 时 28 分，大石桥警方接农行运钞车押车员报案称，运钞车司机李某义持自制手枪将运钞车上押运款抢走，身穿保安服逃跑，逃跑方向不清。

《沈阳晚报》报道称：运钞车司机李某义挟持其他押运员，从运钞车上抢走 600 万元现金，因为车上还有大量现金，所以押运员没有追击李某义。李某义逃跑后将钱款藏匿到亲属等处，警方全力调查，从其亲属处追回 565.9 万元，还有近 35 万元下落不明。

随后，辽宁省大石桥市公安局发布情况说明，证实被劫走的 600 万元已经追回 565.9 万元。

当晚 9 时许，记者通过大石桥市公安局刑警队获悉：犯罪嫌疑人李某义已于晚上 9 时左右，在自家屋内被民警抓获，剩余约 35 万元被劫款项也在其屋内被一并追回。

经过案件承办律师的阅卷和核对证据后，分析李某义的案件，基本得出如下几点：

（1）确有地方政府部门拖欠犯罪嫌疑人李某义及其母王某建设施工费用。

（2）犯罪嫌疑人李某义及其母当年为施工也确实有外债和高利贷。

（3）参与黑龙江省鹤北林业局安居工程施工被拖欠施工费、违约款及相关费用，经当事人粗略计算约为 280 余万元，利息 30 余万元。黑龙江省鹤北人民法院于 2016 年 12 月 6 日受理，并定于 2017 年 2 月 16 日开庭审理。

（4）参与辽宁大石桥市虎庄安居工程，犯罪嫌疑人李某义的上级包工头徐某平一直以市建委不付工程款为由拖欠建设施工费用，后合法转让债权 18.4 元，现犯罪嫌疑人李某义及其母王某已向大石桥市人民法院提起诉讼，法院于 2017 年 1 月 12 日正式受理，等待开庭。

（5）纵观全案，犯罪嫌疑人确实处于一种困境即讨债不果且被人长期讨债的恶性循环中，其心境和理性思维出现了错位应属事出有因。

三、辽宁周某喜 19 年讨债案

1997 年 8 月，辽宁省宽甸满族自治县进行了乡镇企业产权制度改革。该县长甸镇政府在改革镇办企业长甸砂轮厂的过程中，于 1997 年 11 月与周某喜签署了《买断协议书（草签）》，之后签署正式出售合同，合同约定，长甸镇政府应将评估报告确认的资产转让给周某喜，同时由周某喜承担原厂的全部债务。

此后，在进行砂轮厂交接时，周某喜发现长甸镇政府交付的全部资产中 247 万余元的流动资产去向不明。周某喜多次与镇政府协商无果。

在 2001 年 5 月，周某喜将长甸镇政府告至丹东市中级人民法院。同年 11 月，丹东市中级人民法院作出被告长甸镇政府向原告周某喜赔偿损失 393 万元及其利息的判决。长甸镇政府不服该判决，上诉至辽宁省高级人民法院，2002 年 4 月 9 日，辽宁省高级人民法院以"事实不清，证据不足"为由将该案发回重审。同年 12 月，丹东市中级人民法院裁定终止诉讼。

之后，周某喜不断申请丹东市中级人民法院继续诉讼。2003 年 7 月 3 日，丹东市中级人民法院判决"驳回周某喜要求长甸镇政府承担赔偿责任的诉讼请求"。

周某喜不服该判决，遂向辽宁省高级人民法院提出上诉，2003 年 12 月 8 日辽宁省高级人民法院作出终审判决："长甸镇政府赔偿周某喜 247 万余元，并从 1997 年 11 月 30 日起承担相关利息及逾期付款的责任。"

2004 年 8 月 18 日周某喜向丹东市中级人民法院申请强制执行，因执行不到财产，2005 年 5 月 15 日辽宁省高级人民法院指定沈阳铁路运输中级人民法院执行，一个月后，沈阳铁路运输中级人民法院指定丹东铁路运输法院执行。在执行过程中，在丹东市铁路运输法院执行局姜武增的主持下，长甸镇吴镇长与周某喜达成长甸镇政府判决书所叙述的库存产品大约 156 万余元的损失由长甸镇政府承担的协议。

2009 年两会期间，全国人大代表将该案反映到全国人大和最高人民法院，2009 年 6 月 25 日，最高人民法院、辽宁省委开始挂牌督办该案。

2011 年 1 月 18 日，因该案长期未能执结，辽宁省高级人民法院裁定由丹东市中级人民法院执行。

2011 年 9 月 13 日，丹东市中级人民法院作出"长甸镇政府暂无可供执行的财产，终结本次执行"的裁定。

经过代理律师刘志民和王殿学律师的申请，丹东市中级人民法院于 2016 年 6 月 13 日作出了［2011］丹执字第 135 号执行决定书：依照《中华人民共和国民事诉讼法》第 255 条、《最高人民法院关于公布失信被执行人名单信息的若干规定》第 1 条的规定，决定将被执行人宽甸满族自治县长甸镇人民政府纳入失信被执行人名单。丹东市中级人民法院向两位律师表示，此案一直在执行中。

2016 年 6 月 22 日，"破解法院执行基层政府难题高端研讨会——以辽宁省高院判决某镇政府赔偿案 19 年未执行为例"在北京成功举行。研讨会邀请了中国行政法学会副会长青锋先生，北京师范大学法学院民商事法学教研中心教授、博士生导师、德国慕尼黑大学法学博士韩赤风先生，中国政法大学教授、执行专家谭秋桂先生，中央民族大学教授、行政法专家张步峰先生，就辽宁省高级人民法院判决长甸镇政府赔偿案 19 年未执行为例分别表达了自己的观点。

2016年6月，经过代理律师刘志民和王殿学的申请，丹东市中级人民法院将长甸镇政府纳入失信被执行人黑名单。

刘志民表示："根据我们法律的规定，向丹东中院提出了恢复执行，将不诚信的镇政府列入失信不执行人名单，丹东市中级人民法院于2016年6月13日下达了［2011］丹执字第135号决定，已经将长甸镇政府列入失信被执行人名单。"

经律师调查，长甸镇政府有多处财产可供执行，如养鱼场、公司出租、电站收入等。把镇政府列入黑名单有什么作用？

刘志民律师（笔者）说："第一是引起被执行人的关注，督促他尽快想办法偿还债务，第二是使长甸镇对这起案件不能执行的法定代表人、直接责任人的高消费，敦促他们积极想办法来履行法院的判决。"

寄　语

律师是一种职业，更是一种责任。在布满荆棘与快乐的律师道路上，努力为当事人提供务实、高效、精准、全面的服务，是一名律师的追求。其实生命的精彩不在于别人的评论，而在于自我欣赏。在社会公众的普遍认知中，一提到律师人们会立即联想到法庭上那位身着黑袍、头戴羊皮假发、滔滔不绝地陈述着自己辩护意见的智者。的确，人们对律师的最初认识是从他们在参与法庭诉讼上所表现出潇洒的形象、睿智的思想、雄辩的口才开始的。拿诉讼律师举例，捍卫法律赋予的公正，公平权利离不开诉讼，而诉讼业务要求律师具备更高的素质。青年律师的成长之路，纵使充满艰难险阻，也要总把头抬，因为这是永远年轻的青春与梦想。愿披荆斩棘、日月兼程，只为与你相逢在路上。

将志者送到理想的彼岸

——记大成培训之路

大成律师事务所北京办公室高级合伙人　李　涛 ◇

律师为何需要培训？律师是一个需要与时俱进的职业，因此需要对技术与知识的更新永远保持着极高的期待值。律师就像智能手机，不仅需要不断地更新换代且由于高频的使用率需要不定时地"充电"。此次"充电之旅"将带大家亲历大成律师事务所的培训之路，衷心希望大家能从我们的发展过程当中汲取有用经验。

讲座将从以下四个部分展开：其一，刚需——律所培训；其二，大成培训如何做；其三，大成培训的立体构架；其四，律所培训体系的搭建和管理。

一、刚需——律所培训

律师事务所最重要的资产是人力资源和客户关系，最核心的竞争力是专业人才培养。律所在考虑成本时会涉及什么呢？成本一般包括两个部分，即财务成本和律师技术成本。其实，对律所而言，并不存在太大的财务成本，财务成本无非就是人工费和材料费，材料费一般就是纸张、电脑、复印机以及办公场地的费用。但律师本身才是最大的法律劳动力，亦即成本的重要组成结构。若是对律所资产形成这样简单化的理解，我们就会发现其实律所最核心的价值是律师，其专业技术才是律所最关键的资本。

（一）中国律师行业 40 年的变迁

谈及"刚需"则离不开市场，其与市场密切关联。近日，我关注到一篇名为《中国律师 40 年》的文章，我们可从文中提到的相关数据深刻感受中国律师行业 40 年来的重大发展。截至 2019 年，律师行业制度重建已达 40 年。众所周知，于 1978 年召开的党的十一届三中全会是中国社会发展的重大转折，在这次会议上，对于未来经济、社会的发展，邓小平提出了"三个三十万"的目标，即未来市场需要 30 万审计师，需要 30 万税务师，需要 30 万律师。

在 1978 年之前，严格意义上的律师与律师事务所并不存在，真正意义上律师行业制度的重建是在 1979 年。1979 年，律师制度草创未就之际，全国上下登记在册的律师一共是 212 人，这些人员主要来自司法行政机关，还有一些前辈、曾从事过律师行业的人员以及刚毕业的学生。1979 年 6 月，全国第一家法律服务机构——广州市法律顾问处成立，即现在律所的前身。1981 年，已有法律顾问处（后改名为律师事务所）1465 个，工作人员 5500 个。2017 年底，中国律师队伍总人数为 36.5 万人。2019 年，中国律师队伍总人数达到将近 40 万人。

若将 1978 年到 1992 年之前的这段时间视为国内律师事务所创业阶段，那么 1992 年到 1993 年这段时间则是国内律师事务所兴起的重要阶段。当时发生了两大事件：其一，有十家律师事务所被获批正式成立；其二，司法部和工商部门允许外资律师事务所进入国内设立办事处。1992 年以后，包括大成在内的一大批国办律师事务所纷纷成立。截至 2017 年，我国正式执业律师已达 36.5 万人，除此之外还有 7000 多家党政机关和社会团体的公职律师以及兼职律师，而这 36.5 万人中还并未包括那些拥有律师资格但未从业的兼职人员。2018 年底，金杜、隆安、段和段、大成以及很多律师事务所掀起了一个庆祝自己建所 25 周年的热潮。

截至目前，我们的执业律师总人数已经有近 40 万人，市场蛋糕也已经发展到了一个很大的规模，而这个市场蛋糕直接影响我们在业务范围内的扩张和现在比较紧迫的律师事务所之间以及律师个人之间的竞争。

以前我们这个行业由于人数稀少，律师的职业位置没有得到很好的确认。经过40年的发展，我们已经成为法律职业共同体当中的一个重要组成部分。从五年前大成律师事务所的一位律师和一个法官在开会期间首次提出法律职业共同体并提出律师对于法律职业共同体的重要性，再到党的十八届四中全会通过的中共中央《关于全面推进依法治国若干重大问题的决定》为法律职业共同体的建设提供重要遵循，我们律师行业在社会和在法庭上的位置逐渐受到重视。

（二）百花齐放的律师行业

除了以上所述的律师群体的增长，律所数量同样在不断增长，目前律所呈现了多种样态，包括合作所、国资所和个人所。目前，包括大成在内的合作所占了很大比例，达66%，原因在于合作所责任清晰、产权明确、业务灵活。此外，较为常见的是以个人名字命名的律所，其中佼佼者实属岳成律师事务所，受到个人光环的影响，这种律所有一定的市场竞争力，但这种所在体量发展上会受到一定的限制。个人认为，除了个别的情况，这种以个人名字命名的律所在将来有可能会退出市场。

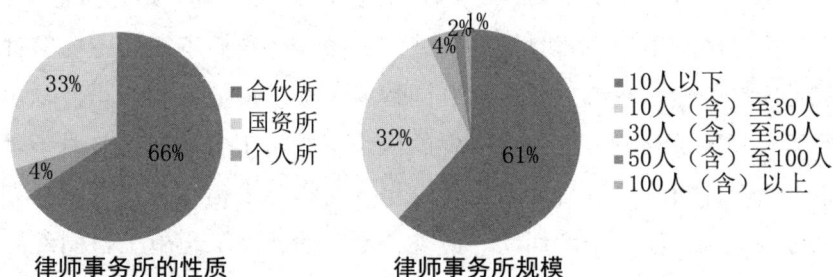

律师事务所的性质 （合伙所 66%、国资所 4%、个人所 33%）

律师事务所规模 （10人以下 61%、10人（含）至30人 32%、30人（含）至50人 4%、50人（含）至100人 2%、100人（含）以上 1%）

就规模而言，饼状图中100人以上规模的律所，占1%；50人至100人规模的律所，占2%；30人至50人规模的律所，占4%；10人至30人规模的律所，占比32%；10人以下规模的律所，占比61%。通过该饼状图，我们从体量上可知律所培训都是哪些人在关注，应该主要对准哪些人，在律所规模不同的情况下我们应用什么样的方法进行发展。

在接下来的分享中，我将着重介绍大所的培训方法。我们每一个律师应当在这样的群体工作环境下根据自己的发展寻找定位，我们也希望每个律师能随着所在律所的发展得到很好的成长。

（三）中国律师行业发展的两个机遇

再观之行业对于个人学习、培训刚需的背景，律师行业一共经历了两个主要事件：其一，我国加入 WTO（世界贸易组织，下同）；其二，"一带一路"倡议的提出。这两大事件都对律师服务市场的开创产生了重大影响。

1. WTO 所带来的行业机遇

我国加入 WTO，表明中国法律服务市场的进一步开放和全面融入国际法律服务市场已经是大势所趋；由于我们加入了 WTO，外资不断涌入国内，国内企业也逐渐走向世界，国内外市场不断融合。在这个过程中，市场经济得到快速发展，迸发出很多的业态，这为法律服务市场的繁荣提供了良好的契机。

举例而言，我于 1992 年参加工作，在 1992 年至 1996 年间，我在法院经济庭工作，那时候经济庭的人很少，我们审理的主要案件就是简单的合同纠纷，如购销合同纠纷、加工承揽合同纠纷、承包经营合同纠纷及因工程欠款引发的建设工程施工合同纠纷。对于承包经营合同纠纷，涉及较多的是出租车司机与出租车公司之间在利润分成比例方面产生的纠纷。此外，当时的建设工程施工合同纠纷的复杂性、审理难度跟我们现在建设工程施工合同纠纷根本没有可比性，当时的建设工程施工合同纠纷一般都比较容易处理。

1996 年之后的一段时间，"三角债"类型案件比较多，当时我们经济庭当中的半个庭室的人员全都跑出去帮助当事人追债。在当时，"三角债"都属于比较新型的案件了。此外，还有农村的土地承包经营纠纷、因租赁经营引发的合同纠纷等，在当时这些都属于前沿类型的案件。我们要是能从民庭调任经济庭去审理这些案子，那就显得属于高大上，所以当时业态的发展是非常缓慢的。

自从我国于2002年加入WTO之后，行业内的业态如知识产权纠纷、公司纠纷、投资并购等都出现了新的变化。以知识产权纠纷为例，一开始，知识产权纠纷只有中级人民法院能够审理，后来北京增加两个基层法院：一个是朝阳法院；一个是海淀法院。那时候，我们提到谁在知识产权法庭工作，那他绝对就是高端知识分子了。在当时进入法院后，只有学历及专业各个方面都对口的才能去知识产权法庭。因为民庭什么类型案件都有，比较杂，但这只能说明你是"全能"的。你去了经济庭才能说明你是专业的，这一看就是有经济头脑的庭。当你到了知识产权庭的时候，你在这方面就是高端知识分子了。

随着传统刑事案件的演变，经济犯罪就出现了，所以我们一路走来发现市场运行对于法律人员的业务素质、专业方向的要求截然不同，要求的标准也发生了重大变化。不仅法院是这样，律师更是这样。在2008年之后，随着基础设施建设和房地产开发建设的进行，我们又看到了建筑工程方面的行业契机。从简单的劳动施工开始，到建筑工程项目竣工，再到房地产项目销售，再到利用待售房屋抵押贷款，再到二手房的买卖流通，每个环节对律师服务市场的开拓都有着重大影响。

2. "一带一路"所带来的行业机遇

"一带一路"对律师行业产生的刺激更为强烈，"一带一路"倡议的提出，表明中国律师已经开始主动出击，国内律所在全球各地通过新设、合并等方式设立机构，一场盛宴拉开帷幕。在国内律所走向国门之外的时候，国外的法律规则、法律环境以及与其他国家法律文化的衔接又成为我们律师业务开拓的新领域。你得学，得了解各个国家。无论是南非，还是其他经济发展比较落后的国家都需要进行基础设施的建设，这些都需要我们走出去，只要我们的客户有需求，我们的服务就得到位。

（四）国内律师行业培训现状

在这样一个复杂、高端、不断精进且内容百出的时代背景下，我们律师行业的培训现状又是怎样的呢？通过我的观察来看，随着律师行业的发展，律师培训市场这块蛋糕在不断变大，律师培训机构数量也在不断增加，但培训的课程设置、价格、师资力量、主办机构差异极大。

我们通常会接到一些培训邀请函，最早的时候我们会特别关注法律培训中心、律协及培训机构给我们发的邀请函，一开始我们大家也都愿意参加这样的实务培训，觉得能从这些师资的授课中学到很多有用的实务知识，但那时候我们没有这种互动，能把他们请过来授课就觉得已经很不错了。除此之外，还有一些通过 App 进行的在线实务培训课程。

对于参加实务培训课程，大家一般都有这样的心态：其一，找到优质课程增加听课体验，然后通过这些课程能学到真正的实务技能；其二，参加课程培训是一种职业状态，应成为自己工作、学习当中不可缺少的一部分。

那么作为组织者他们是怎么想的呢？对于组织者而言，他们想着在传授课程的同时，能跟这些接受培训的人员形成有效互动，推出自身的培训品牌，扩大自身的影响力。

（五）国内律师行业培训的三个阶段

第一阶段，以互联网平台和大学律师学院为代表的培训机构。它们以法律职业的综合培训为主，既有业务方面的培训，也有管理方面的培训，更注重对大牌讲师资源的整合。这种综合性主题的培训，有些经典课程的培训时长可能需要一年多的时间，不过好处在于这种培训内容比较详尽、范围比较全面，理论的深度也足够。这种培训模式对自身是否合适，关键看目前自己处于什么层面。如果你的实务经验已经很丰富，但需要在理论层面有所提升，那我觉得参加这种模式的培训是很有必要的。但如果说你目前正处于律师起步发展阶段，并且也只是打算听一听就回去了并没有长期听课的计划，我觉得这种课程跟你目前的发展阶段是不匹配的。

第二阶段，以天同和 iCourt 为代表的专注于思维模式和工具的培训。这种模式培训更加注重课程体验和传播，同时也将品牌元素应用到了极致，培训极大地激发了行业的社交属性。以 iCourt 为例，其内容培训主要包括计点制、财税培训、证据梳理等。其中，证据梳理课程还需要配套 iCourt 开发的证据智能识别系统使用，当然，这套证据识别系统需付费购买。因为我是学证据法的，我特别关注他们的证据系统。根据他们的介绍，当你购买一套他们的证据系统时，他会给你一台扫描机，通过扫描，证据内容就会直接转化成PDF 格式，在系统里面自动生成分页和类别。随后，它还可以将PDF 内容转换成文字，形成对证据目录的摘抄等，有助于我们对证据的梳理。这套系统无论是人家的营销手段，还是智力成果，我们都要给予充分的尊重，因为这套系统确实对我们的律师工作提供了便利，提高了我们的工作效率。对于 iCourt 这种模式的培训，原先是专注于法律思维的训练和引导，现在直接转化成了用法律服务的技术工具来引领律师行业发展。我们可以看到它发展目标的不断调整，未来它将走向哪里，让我们拭目以待。

第三阶段，培训的形式更加多元化：线下+线上、培训分层、律师学院等。培训的需求更加精准，针对群体更加细分，培训层次逐渐拉开，培训的商业模式愈加清晰。

二、大成培训成长之路

(一) 大成培训背后的特殊背景

前边介绍了现在市场上三种主要的培训模式，那么对于大成来讲，它的培训之路是怎样呢？大成培训有其特殊的背景，大成是在1992年由国办所转成合伙所的第一批律所，到目前为止，大成已经成了全球规模最大的律师事务所。在这个发展过程中，从体量上来讲，它的大不是因为在全国有45家办公室，4000多名执业律师，而是在这过程中，我们遇到了一个发展契机，伴随着全球化进程，律师行业也发生了很大的变化，各国律师事务所及各国之间的法律服务都呈现出一种紧密互动的关系。

现如今，我们的法律服务行业在国际经济互动过程当中发生了很大的变化，在这个变化过程当中又恰逢信息科技、生物科学等领域的发展，这些领域创新了法律服务内容，也引起了世界范围的投资并购。在这个过程当中，很多的外国律师事务所由于看中了中国这样一个开放的市场而开始进军国内。

在这样的背景下，大成于2015年与Dentons合作，形成了大体量的联盟，这个联盟最后的结果就形成了所谓的航空母舰式的体量，但也带来了很多的问题。我们的文化、行业发展概念、行业管理、选评、决策等都与他们发生过很大的冲突。例如，现在欧洲市场搞联盟活动，我们中国的律师反应就比较慢，由于我们工作时间跟人家存在时差，所以跟他们不一样。我们要是跟Dentons开一个会的话，我们白天工作，晚上跟他们开会。我们跟他们的谈判也是，人家跟我们进行谈判的时候永远是那几个人，有非常稳定的谈判思路和谈判构架与我们对接。而我们今天换一波律师，明天再换一波律师，能坚持一周的不多。他们还有专门进行商务谈判的业务团队，但我们在所有的商务合并过程当中都没有专业的谈判专家。虽然我们认为自己的律师天天做商务谈判，觉得没问题，但其实差得很远。对于合作当中的规矩，什么时候交联盟的费用；我们应该提出什么样的行业技术清单甚至与客户的交流方式等，我们都有待提高。

我们也时常反思，这是为什么呢？我们在发展过程中仅有二三十年的历史，是因为我们律所整个的发展不像欧洲的律所那样经过百余年的发展已经具备成熟的文化和思想根基，所以我们需要一定时间的磨合期。无论如何，大成是目前中国律所跟境外律所以联盟形式合作最成功的一家。未来大成将走向哪里我也不清楚，但它是我们律师行业当中发展的一个可能。我们真的不知道我们最终能够成功，还是成为一个牺牲品，成为一个教训。我觉得这是顶尖所走在行业前列的一种尝试，在这个过程中我们可能会牺牲，我们的付出是一个很惨烈的磨合过程，但是我们冷暖自知。我们大成恰恰是在这样的行业中为中国律所走向国际化而努力，我们不像金杜，它本身最早的服务端口就是涉外非诉领域。大成是从国内最成熟的场地中发展起来，是国内传统的综合型律所，以传统的诉讼仲裁业务为主，这样的一个本土化律所，在走向国际的时候有一些水土不服也属正常。

在这个过程中，大成在这么大的体量下要保持领先就需要进行人才培养，我们的人才培养范围不仅限于在行业发展、经济发展及业态发展中拥有专业技能的律师，我们还需要一些有国际化视野的涉外法律人才，还需要有顶层管理意识和市场敏感度的决策合伙人，所以它的需求非常多元化。

（二）大成培训历经的三个阶段

今天我所讲的培训，范围仅限于大成对律师的专业技能培训。大成在整个培训当中经过了三个阶段：第一阶段，启蒙阶段。这主要是律师的自我学习阶段。第二阶段，发展阶段。律师在自我学习需求过程中形成一个团体。第三阶段，成熟阶段。传统的方式是师父带徒弟，自转而不是公转的学习模式，到了现在基本上已经形成了组织化的学习方式。但到目前为止，我们不能说我们已经处于一个完全成熟的阶段，而只能说是处于一个相对成熟的阶段。

1. 启蒙阶段：以行业划分部门

我给大家介绍一下大成的启蒙和发展阶段，因为我们律所人多，所以我们在当时根据行业情况对各业务部门进行了基本划分。我们在对行业进行划分时也参考了国际化 Dentons 的市场行业划分清单，并根据国内的实际情况进行了选择。例如，根据 Dentons 的行业划分清单，围绕酒店、酒店管理或酒店度假等划分出来一个行业，但这个行业其实非常细化，在我们国内就不太适宜，我们就会根据国内的实际情况将其与相近行业进行合并。即使经过这样的合并，在大成内部也分为刑事部、公司部、金融部、房地产与建设工程部、争议解决部、国企部、投资并购部、涉外法律部、知识产权部等 11 个部门。就这 11 个部门而言，我们只是贴了一个标签。虽然我在这个部门，貌似是以这个部门业务为主，但实际上别的业务我也代理。

在启蒙、发展过程当中，有两个部门做得比较突出：一个是赵运恒律师主导的刑事部，一个是袁华之律师主导的房地产与建设工程部。这两个部门开始了以他们为主体的培训，他们是怎么做的呢？在行业部门划分之前，基本上当律师的都会做刑事和民商事业务，两条腿都能走，不搞专业化。赵运恒律师和袁华之律师都是以个人的影响力带动专业化培训，他们先把其所在北京总部部门的专业化培训做起来，在总部成立一个专业委员会，你只要喜欢刑事专业的都能来参加我这个专业委员会，然后把他们都集合起来。再联合全国所有的分所一起组织、成立起一个总的专业委员会。

以刑事部为例，其实那几年刑事业务已经开始衰弱了，在出现大量的经济犯罪之前，我们普通的刑庭案件已经开始衰落了。刑事部已经成了大家不太想去的一个专业部门，那时候大成给了刑事部专有的政策，我们大成做刑事案子的律师别的案子不能做，对于其他做民商事案件的律师，刑事案子也不能接，就是要把市场板块留给刑事部，这是我们给刑事部的政策。刑事部抓住了这样的机遇，他们把全国各个分所做刑事案子的律师都集合在了一起，你参加我的专业委员会，我们收少量的会费用来组织专业的论坛，大家一起在论坛上互相探讨、学习，就这样，他们通过内部自发的活动将所在部门的专业化培训推向了全国。

因为搞这种活动是很费时间、精力的，但是我们刑事部和房地产与建设工程部做得津津有味，因为他们走到哪里都受到了热烈的欢迎，而且他们收会费。原来房地产建设工程部北京总部也就那么十来个人，但他们通过收会费的形式积累资金，然后利用资金整合师资再到各地讲课。你来参加培训，如果你是我的会员就免收课程费。你不是我们的会员，你想来参加那你要交课程的培训费。这是我们最早的律师内部进行培训的方式，以个人魅力引导和培育了这样一个受众群体。

2. 发展阶段：专门机构承载培训职能

经过了如此轰轰烈烈的过程，大成内部其他部门也纷纷效仿，然后就觉得该出新方法了。大成有三个部门在内部搞学院，学院的架构是什么？学院要有师资力量、各种组织机构的配比。我不知道他们是怎么操作的，然后就出现了各种学院，如金融学院、刑辩学院、国际学院。

我们涉外部设立了国际学院，那么国际学院如何开展呢？因为我们有涉外律师，比如欧美国家的专业律师，此外我们所里也招聘了一些境外律师，还有一些韩国、日本的律师到我们所进行交流和学习。大家也经常在我们办公区看到一些欧美面孔的律师，也有非裔律师经常在这里出现。这在一定程度上代表了学院的活跃度，经常在开放性较强的城市如北京、上海、广州、深圳等涉外业务较多的地方开课。

这些学院刚开始有声有色，但是现在金融学院、国际学院由于后期调配等原因而销声匿迹，其实我也不觉得他们有一个理论与实务上长久的架构来支撑他们达到学院的功能定位。现在只有刑辩学院还在做一些刑辩的活动，推出一些训练营，比如对刑事程序各个环节进行讲授，先讲框架后讲细节，如鉴定怎么做、证据怎么做，并且也开始针对业务的细端去开一些课程，这类课程大概保持在三四十人的规模和范围。

刑辩学院做得特别好的，让我特别有感触的地方是刑辩委员会、刑事学院和刑事专业委员会。无论全国哪儿有活动，他们的理事和成员都会全部参加。可见他们在组织过程中对刑事专业委员会的追随度，也可见其粉丝忠诚度之高。我们大成业余活动其实非常多：体育、足球、篮球、羽毛球、游泳队、网球、电影、戏剧等应有尽有。即便是这样，刑事专业委员会他们组织的活动，所有的理事也能全部参加。他们的理事基本上都是高级合伙人或者是部门主任，全国各地的活动他们一路追随。这就说明我们的培训参与人员具有极强的凝聚力，我们培训组织者的影响力很大，或者说是受众对培训的信赖和情感深厚。这是我们专业机构承载培训职能的发展优势。

3. 成熟阶段：打破行业部门，划分专业组

两年之前，大成又发生了一次变化，我们对 11 个行业部门再次进行了突破。这个突破也是律所的决策层应对市场发展作出的重大选择，也是大成境外联盟对我们的要求。我们打破了 11 个部门并成立了专业组，口号就是"虚化业务部门"，做实专业组。把原来那些部门、管理机构，比如人员、财务管理部门等进行了虚化，没有特殊的职能。把很多的专业组，比如投资与并购、税务、人力资源、破产重组凝成每一个部。然后每个部下面是专业组，公司与并购、

争议解决（海事海商、航空航天、刑事），这是属于二部联盟和境外所的行业对口。

因为我们做行业推荐采用的是这样的模式，比如境外客户提出需求，要在中国开展业务，要求律所推荐相应行业领域内最好的律师。客户需要一个相关行业内律师业绩的排名以便进行选择与业务对接。如果一个律师各种类型业务都做，金融、航天、人力资源、资本、证券均有涉及，那么对不起，我们不能将你统计到相关行业的排名中。因为选择这个专业的时候不仅要推荐，还要看律师在该领域内的业绩，而业绩是积累出来的，今天做这个，明天做那个，业务都是散的，就不能在某个专业领域内积累业绩、得到推荐。

国外不看你这个覆盖面有多大，而是看律师的业务线做得有多深，所以我们在律所内部设立了专业组。这是我们内置机构的变化，也直接导致了我们的培训有了专业的方向。我们现在不是研究大成怎么样，而是研究我们的培训怎么开展，我们在专业背景下可以围绕自己专业开展专业活动。

争议解决这个板块是我的专业，也由我负责。我现在是大成整个中国区争议解决委员会的主任，那么这个委员会我给大家说一下规模，45家办公室，3000多名争议解决专业委员会的成员，全国就是这样的一个体量。那么我们的任务就是在这个范围之内把我们的专业组的专业化做好，专业化怎么做好呢？能直接指导人家的案子怎么办吗？不可能。我们这么多的区域能把一个共性的东西放在那儿吗？不可能。为什么？因为区域经济发展不一样，业务形态也不一样。

前两年金融创新非常火热，之前做的一些构架、产品，现在爆雷出了问题，在北上广深地区金融纠纷类诉讼仲裁案件占到了民事案件总量的36%。我们在资管新规出台时举办了一场"金融创新下的争议解决"主题论坛活动，但是我们拿这个给人家看，人家就说你搞这个活动我们西南、西北地区都没有见过，这跟我们有什么关系，你们这个太高端了，你们搞的活动我们不认同。

像这种情况，我们可能就要采用多层次方法解决培训需求，满足3000多个在不同区域，不同经济发展状态和板块的人的不同需求。我们把这个专业组分成了6个片区，华东、华北、西南、西北、东北片区，这也是为了方便就近培训而进行的板块划分，同时也因为各个地区内部经济发展水平大体相当，所以我们进行了上述布局的划分。

（1）高端论坛

下面这部分我想跟大家谈一下，我们在专业委员会，尤其是我们以争议解决为例举办的一些活动。我们举办了一系列高端论坛，这些培训其实分为两种：一种是技能培训；另一种是市场品牌的打造。我们的高端论坛针对业务发展较为前沿的律师群体，比如专业经验积累到一定程度的合伙人和高端律师，他们对市场各行业的理论和专业技能有着更前沿的需求。

我们的专业委员会于2018年3月8日在南京正式宣布成立。2018年7月，我们在国际会议中心举办了"金融严监管下的争议解决之道——'金融创新'中的风险应对"论坛活动。也就是说，那是在资管新规刚出台、没有被全面覆盖和深度探讨的情况下，我们就提出了相关问题并着手解决。在这之前，我们在同年6月组织了这一活动，我们当时的题目叫"金融创新下的争议解决"。这个引号之前并没有，我们以前还觉得金融创新好，但是在6月、7月份风向突然变了，在专业领域中突然发现金融创新有问题，那么我们就赶紧调整业务方向，金融创新的口号就不能再是正向的了，应该进行反思。

我当时作为会议的组织者和主持人参加了这次论坛活动，我们邀请了中国银行协会的卜祥瑞老师以及一位刚从最高人民法院辞职去北大金融学院读博士后的法官给我们讲课。此外，我们还邀请了贸仲委的陈秘书长给我们开课，对在仲裁阶段、法院审判阶段、律师行业阶段等涉及金融创新行业出现的问题进行了深度剖析。当时我们的想法是在金融领域当中，在北上广深这样重量级的业态中要有前沿式的思考和探求，于是我们找了这么一个课题。

2018 年 10 月 13 日，我们在广州举办了"交叉法律问题论坛——民刑、民行、刑行交叉法律问题实务研讨会"。参加这次会议的有高校法学院院长、全国各地的资深法官、检察官等，他们都做了报告并参与了讨论。

2018 年 12 月 8 日，我们在海口举办了"自贸试验区背景下的争议解决实务与展望"论坛活动，各省高级人民法院法官以及境内外律师给我们做了精彩的演讲和分享。当地市政府的领导以及中国社科院国际法研究所的主任也参加了我们这次活动。上海融孚律师事务所的合伙人，一名境外律师，他在现场与我们分享了关于境外律师在境内做一些业务的感受和专业分享。

2018 年 12 月 29 日，我们在北京举办了"首届中国产权保护法治论坛"，即便是元旦放假的前一天，也未能阻挡我们举办学术研究活动的热情。这个活动是大成与北京市物权法研究会共同组织的，我们邀请了人民大学的王利明教授、姚辉教授等著名学者，基本囊括了所有物权法领域的顶尖专家，在北京相聚一堂进行了这样的专业探讨。我们为什么选择"产权保护"这个主题呢？因为北京市物权法协会是组织者之一，且当时国内的经济环境、融资环境、市场压力等外部因素，导致民营企业家的产权保护遇到了层层阻力，因此，我们选择了"产权保护"这个研讨主题。其实我们原本的考虑是联合民营企业家协会举办一场有关民营企业家人身财产保护的研讨会，后来觉得不妥，就调整为"产权保护法治论坛"。

到了 2019 年 3 月，大成争议解决部和刑事部共同组织了"电子数据的司法运用和前沿理论高端论坛",旨在聚焦电子数据的取证、保全、鉴定、审查和运用问题,交流、研判大数据证据在国内外司法实践中的经典案例和相关理论前沿问题。通过实务问题研判、理论的前沿交流,推动电子数据特别是大数据证据审查运用的规范化、标准化、科学化,丰富和提高电子数据领域的理论研究,为进一步完善我国电子数据证据制度提供有益参考。中国人民大学法学院院长王轶、法学院教授何家弘等30多位专家都出席了该论坛活动。这次论坛召开得非常成功,与会人员共计400余人,从开幕式到闭幕式基本没有人离席。

这个论坛是比较前沿的,理论界与实务界专家共聚一堂,对电子数据涉及的理论与实务问题发表了自己独到见解。例如,中国人民大学的刘品新教授谈及网络犯罪中的电子数据问题,大成的律师也分享了自己对于民事诉讼中电子数据举证的相关看法。我们对这些活动都进行了现场录制,大家在线上也可以看到。

以上谈及的所有活动都是由大成自己完成的,没有找会务组代为承办,包括课题选择、嘉宾聘请都是由大成的合伙人集合调动社会资源完成的。

2019年7月6日,我们又在成都举办了"仲裁助推西部法律服务中心建设高峰论坛",该论坛是一个分水岭,在此之前的论坛主要围绕传统争议解决当中的诉讼业务展开,在此之后,我们的论坛开始围绕争议解决中的仲裁业务展开。我们认为争议解决律师最主要的两条业务支撑是诉讼和仲裁。这两个是我们国内目前解决争议纠纷的两大战场,但诉讼思维和仲裁思维是完全不一样的。我们在法院开庭的时候,你可能觉得法官的态度比较强硬,例如法官对于庭审的控制特别严格,但在商事仲裁过程当中,你会觉得仲裁庭相对来说比较宽松,仲裁庭的组成人员专业素质都相当高,而且仲裁是一裁终决,效率极高。

2019年9月份我马上要组织一个合议仲裁庭，你会发现在里面会碰到特别专业的人，包括卜祥瑞，还有做基金、对赌的老师，这就是仲裁的优势。对于传统案件，因为有裁判积累、总结性的裁判规则，我认为你应该去法院，裁判有预期，稳定。

现在类型案件都要进行同质化处理，那么应该把什么样的案件推向仲裁呢？在我看来，我们应该把一些新型业态案件推向仲裁，原因在于法官对这种新型业态案件不太了解，例如案件涉及的交易模式比较新，法律关系的定性需要借助行业内的专业知识，而法官一般并不具备这种行业内的专业知识，裁判观点会比较保守。因此，将这种新类型案件推向仲裁比较好，双方都可以选择具备行业内专业知识背景的资深专家，从而使裁决的结果更为公平。

但是仲裁也有其弊端，即仲裁的可预期性比较差。例如，对于同一类型但存有较大争议的案件，有可能不同仲裁庭对同一争议问题的观点是完全相反的。但如果是在法院审理的案件，虽然我们不是判例法国家，但法院作出的判决或者法院判决的主流观点多少会对本次判决的结果产生一定的影响，可预期性较高。

那我们应当如何选择呢？可能我们律师也需要培训和培育。比如在仲裁庭上如何与仲裁员沟通，是提交书面答辩意见为主，还是以庭审表现为主；在仲裁庭的代理意见、答辩意见、补充意见等是不是要写出十几页来，这都是值得探索的问题。因为这完全是两种不同的风格，所以我觉得这一点我们都需要培训。

为什么我们称之为西部？因为四川省除了成都市之外，还有许多少数民族自治州。那些州，还都保持着少数民族地区的民俗、地方文化、宗教等一些特点。那么当地也有很多仲裁机构，我们为了将这些地方仲裁机构进行整合、帮助其提升业务水平，因而成立了"仲裁助推西部法律服务中心"。我们以这样的方式对仲裁解决纠纷进行推广，使相对来说在仲裁法律服务比较弱的西部地区认可仲裁解决纠纷的优势。

我们还在 2019 年 7 月 20 日举办了"民事虚假诉讼风险的治理与防控论坛"，我们举办这场论坛的原因是什么呢？大家都知道，大成西宁分所一个律师在今年因涉嫌虚假诉讼罪被检察机关提起公诉。这个事件发生时，我们理事会正好在北京大成总部开会，我们便开始探讨律师在民事活动中可能产生的执业风险，这一问题就这样引起了我们的重视和思考。

这已经不是这个律师个人及所在律所的事了，而是整个律师行业的事，这件事应引起整个律师群体的重视。作为非诉律师或者法律顾问，应很少涉及刑事问题才对。那么一个法律顾问涉嫌虚假诉讼罪，问题出在哪里？这让整个律师群体对于执业风险有了一个更深层次的思考。尽管这个事件以检察院申请撤诉而圆满结束，但我们应当反思，那就是我们在处理民商事案件时，对其中可能存在的刑事风险是否有足够的认识？我们律师在处理民事案件，给客户做策划或者出方案的时候确实应该注意相关细节和尺度，其实有时候民事律师的执业风险比刑事律师还要大。比如说，经常处理民事案件的律师最为关注法院管辖问题，有的律师为争取对当事人有利的管辖，便想办法在管辖方面做手脚，例如到某街道办事处开具虚假居住证明来争取对自己有利的法院管辖。但这个事往严重了说，就是律师涉嫌作伪证，即使不构成刑事犯罪，起码也是违规，一旦坐实，律协一定会对这个律师进行严厉的惩罚。

虚假诉讼风险治理与防控是多方位的，从律师执业方面，作为虚假诉讼程序中的相对一方，律师是虚假诉讼的受害者，所以我们也希望法院在诉讼过程中能够对虚假诉讼给予一种防治的保护机制。当法官看到当事人做假证时，比如提交一份假证据，明明合同上的签字是假的，却在鉴定为假后不予认定证据效力，也不追究其虚假诉讼的责任。法官可能确实心里非常讨厌这种行为，但是囿于担心当事人的投诉、纠缠给自己的工作造成种种麻烦，可能一般不会追究其虚假诉讼的责任。但法院对虚假诉讼行为的纵容后果可能是使一个案子的判决结果走入歧途。客户不能接受这样的判决结果，拿到生效判决又申诉，然而再审成功率又相当低，如北京市高级人民法院再审立案成功率只有8%。

前两天我们在与朝阳区人民检察院做民刑监督时，他们也向我们提出了我们应该怎样做，我说我们都折腾不起。但是做虚假诉讼时，我们设立方案时向客户说你这个案子怎么样，作出专业的职业判断时他可能会给你带来一个不可预测的冲击。客户会对律师不依不饶，也会对律师执业的专业性产生怀疑。我们觉得在虚假诉讼当中自己既要做风险防控，同时也要呼吁公检法机关在诉讼中能将虚假诉讼、诉讼欺诈、恶意诉讼给予制度上的设置和措施上的惩处，这也是我们做这种活动的目标所在。

所以我们在组织高端论坛时一定要有更高的角度和立意。这个更高的角度和立意能使我们职业群体有更高水平的眼界和追求，甚至是价值观和职业价值观的提升。

（2）全国巡讲

另外一种形式，就是以中青年律师业务技能为中心的庭审实战技能培训和交流。高端论坛不能总是高高在上、虚无缥缈，比如很多高端律师不出庭，都是些搞理念、团队建设的营销大师。我们看到法院出入的都是中青年律师，十年以上的律师还在出庭属于中坚力量，五年以上的律师出庭属于正在发展，五年以下的律师出庭就是陪着律师工作并学习。所以我们还有一个端口就是搞庭审培训，这个庭审培训在沈阳分所开展，长春、大连附近的办公室员工都去参加了这个活动。

2018年10月13日、10月14日在广州时做了两个精品课程：《如何打造精品的诉讼途径》及《争议解决的非诉途径》。我们找的

iCourt 专家，叫麦欣，她喜欢用表格解读并做一些证据，课讲得非常好。通过这套课程，中青年律师的实务水平能够得到很大提升，这两个课程搭配起来效果特别好。

我们在西安做过一个课程，叫作《庭审技能培训》。这个课程的授课老师李涛、程屹、陈九波、王振涛都是法官出身，都曾在法院做过十几年的法官。裁判思维和律师思维的差别是什么？为什么无论我怎么说都说不到法官的心坎里？为什么我一说话法官就反驳我？为什么我的观点法官不采用？在很大的程度上，如果是没有法官职业背景的律师，他就不太了解其中的差别。基于此，我们举办了关于庭审技能提升的培训课程。

打造一个优质主题课程需要对课件不断修改与精进，我们去新疆开设的《庭审技能培训》课程与在西安讲授的课程虽然课程名称相同，但对课程内容进行了优化。我们在这个课程中增加了一个板块，即欧阳宇彤主讲的《法律检索的高效提升》，她是 iCourt 的著名讲师，授课效果特别好，主要讲解的是用现代化的网络工具（如 App、微信等）辅助我们在边远地区查找相关资料的技能。这个课程不仅对于老律师来讲是一个提升，对于年轻律师来讲，也同样能够提高他们的工作效率。

比如我们查企业的账号要做查扣冻，查询开户行，这些都挺麻烦的，她就教大家在微信小程序中打开"发票助手"，只要输入名称，就能把企业所有信息标注出来，其中就有企业的开户行账号信息。我们就跟她们年轻人学这种技能，让她们用科技和网络的手段给大家培训高效便捷的工作方法。由于该课程也是经过其在 iCourt 多次授课后精心打磨的，所以课程的互动效果非常好。一个 20 多岁的小姑娘，我觉得她的亲和力也特别强，大家也特别爱听，即使是岁数大的人也容易接受，年轻人就更容易与之互动。

在海口举办的《庭审技能培训》课程当中，我们请了大成法兰克福及大成新加坡的高级合伙人，围绕仲裁主题对如何辅助客户使用仲裁服务、国际仲裁的法律实务等话题进行了分享。

我们在哈尔滨举办的"民事虚假诉讼风险的治理与防控论坛"也是围绕律师执业风险防控与民事虚假诉讼的主题展开，都是我们主任级别的律师自己讲。同时，也给青年律师分享在与客户签约以及帮助客户处理案件过程中，律师应掌握的标准是什么。总之，"论坛+讲座"是我们律师营销宣传的一个端口，成熟律师用高端论坛的方式加强品牌和市场营销，用巡回讲座的方式完成对于专业技能的宣传。

（3）主题沙龙

我们还有一个端口是沙龙，大成在 2019 年举办了"2019 同律同乐·北京"沙龙，这个沙龙以酒会形式展开，逾 90 家国内外知名企业及媒体代表人出席了该酒会，参会嘉宾达 120 人，全都是法务。我们会组织一个专业律师团队和出席沙龙酒会的法务进行座谈，探讨业态发展中的一些热点问题。我们的沙龙形式多样，通常体量比较小，但都贯穿特别的元素，针对社会热点问题。例如，"孟某舟事件"发生后，我们就邀请了大成温哥华的高级合伙人邵威律师，邵威律师曾在中国外交部工作过，我们邀请邵威律师就"孟某舟事件"的背景因素以及该事件对中国与加拿大之间商业和政治的影响等跟我们进行了分享。我们所里也有很多的涉外律师和青年律师对于这些社会热点问题非常关注，我们经常组织这种沙龙也是为了培养律师的良好素质，作为律师，不能只关心挣钱，还要关心社会。

除了社会热点，我们还会根据律师碰到的疑难案件组织沙龙进行探讨。例如，大成有个律师在国内做了一个境外诉前财产保全的案件，将对方当事人的境外财产查封扣押在加拿大，案子做得非常成功。通过这个案子，我们切身感受到，在将国内资产转移境外之时一旦涉及诉讼，对他们进行财产保全便困难重重。我们内部便开始反思，应做怎样的突破？怎样才能做到快速有效的保全？判决生效后怎样做到顺利执行？在这样的背景下，我们又组织了"跨境追偿与海外执行"交流会。

这次交流会，我们邀请了美国戴上律师事务所高级合伙人伍荣平，他们不仅带着自己律所的律师，而且还带了他们境外培训机构的主要工作人员来跟我们进行交流，他们也想把境外板块和项目做成他们的一个培训亮点。为了能跟更多人分享这次沙龙的成果，我们通过"线下沙龙+线上 Skype 远程交流"的方式进行，主要内容涵盖了中国赴美"海外追赃追债"领域的背景、案件趋势和特点，中国律师赴美追偿和资产执行的关键与难点；跨境追偿和境外资产执行，中国律师如何拓展这一新兴业务领域等。

9月，为破解这个跨境追偿的实务难题，我们大成总部争议解决专业委员会还到欧洲 Dentons 分所做了一个寻访，跟国外 Dentons 分所的律师交流、探讨应如何联合起来解决跨境追偿方面的实务难题。虽然国内的律师不能到境外代理这些案件，但由于中西方语言、文化和交流上的差异，客户还是需要我们的律师与境外律师沟通协调。所以我们这项工作做得还是非常有意义的，我们要走出国门。通过这种国外寻访活动，既实现了团建的目的，又达到了律师培训的效果，可以说是一举多得。

近年来虚假诉讼刑事案件频发，民间借贷领域成为重灾区；一些民事诉讼旧案、执行案件被认定为虚假诉讼；在扫黑除恶专项斗争中，"套路贷"大多涉及虚假诉讼；大量案件当事人、代理律师甚至司法人员等被追刑责。那么律师如何面对虚假诉讼可能带来的执业风险？在这种背景下，我们于 2019 年 6 月在大成总部举办了"虚假诉讼刑事案件的法律理解和适用"研讨会，法学界的知名专家、学者和公检法司代表以及北京大学教授陈兴良、清华大学教授张明楷、公安部法制局局长孙茂利等多位嘉宾都出席了本次研讨会。

此外，我们还举办了"林某青案"研讨沙龙、"红黄蓝时间"研讨会等。"红黄蓝事件"发生后，我们所的女律师对于新闻曝光出来的红黄蓝幼儿园老师虐童、扎针眼、喂药等行为非常气愤，然后就自发建立了微信群就其中的法律问题进行讨论，最后还计划写一些实务文章对该事件进行点评。

（4）竞赛——赛前培训

除了前边提及的论坛、巡回讲座、沙龙，我们也在竞赛活动中植入了职业培训。大成有一个传统，每两年举办一届"大成杯辩论大赛"，包括刑事和民事两部分，原来最早的大赛形式是模拟法庭，如今我们把其中的民事部分定位成仲裁背景下的"大成杯"争议解决诉辩大赛，目前正在轰轰烈烈地开展当中。我们是如何在竞赛中植入职业培训的呢？很重要的一个环节就是，被选拔参赛的选手在赛前都要经过统一的赛前培训。今年的赛前培训在杭州举办，大成总部的谷岩、林晓东、张峥、朱永锐、王宇、韩友谊等律师都作了精彩的相关专题报告。

我们还邀请了央视的主持人路晨给我们讲授了《语言表达的艺术》，使我们参赛选手从专业角度了解语言表达的相关技巧，同时为了凝聚争议解决的人气和能量，我们把前两届的冠军也全部请过来与大家分享过往的参赛经验。我们所做的一切都是为了要体现出我们的专业性。

我们所有的论辩题目都由大成律师事务所中专业最强的几个律师出题，他们被称为"灵魂出题人"。我们往往是把我们大成律师自己经历、代理的案件案情改编成诉辩性、对抗性较强的论题去比赛。我们还请四川美院的老师为我们设计，制作了两个大概八公斤重的铜铸大奖杯。这个奖杯很有纪念价值，每届冠军的名字都会被刻在上面，奖杯将在每届的冠军间流传。

这个活动未来也将延续下去，希望它能够成为我们大成发展的标识，形成一种纪念和传承。所以我们也投入了很多心思和精力，比如我们邀请了谷岩、林晓东、张峥、朱永锐、王宇、韩友谊等律师进行赛前的诉讼培训。

（5）直播培训

与此同时，我们还有线上直播活动。原来大成律师事务所的高级合伙人王杰律师专门做了一个 App，现在这个 App 无偿转赠给了大成律师事务所。我们把它当成直播系统，目前做的一些论坛等活动都在这个 App 上进行展示，大成员工可以免费进入系统参与所有直播的培训课程，这为我们律师进行线上观摩、学习提供了极大的便利。

三、大成培训体系的立体架构

（一）横向维度

以上是我们在这两年中做过的一些活动的背景和情况，也是对我们横向维度培训工作的记录。我们的活动看似凌乱、密密麻麻，实际上是有秩序、有思考和有安排的。活动形式多样，比如论坛、巡讲、讲座、沙龙、比赛等。

就比赛而言，2019 年大成最后这次比赛是 10 月 21 日在北京千禧酒店组织的晚会，这个晚会是决赛的呈现。我们也邀请了境外律师在现场用英文进行了仲裁庭审表演，有利于我们更好地了解国际仲裁的程序规则与操作。

决赛要选出冠军，一共是 66 支队伍。每支队伍中有 4 名队员。分成原告、被告两方，双方各有一名教练、一名领队。9 月份开始在山西太原分所组织循环赛，其中八强晋级北京半决赛。我们从决赛中选出总冠军，并将其名字刻在我们的奖杯上，向其颁奖。

所以 2019 年 11 月份我们计划在重庆再举办一次论坛活动，这个论坛同样包含培训工作，我们称之为训练营。以前搞训练营要找一个题目，其目的就是要通过多轮比赛中最精彩的辩论场面选出几个队，比如重庆地区选四个队，重庆是东道主，然后再找其他几个队来重庆。我们把整个比赛过程中最精彩的地方，请专家进行点评、复盘，称之为"复盘训练营"。我觉得这样的安排和构思可以让大家在比赛中不断学习、投入，也是一种毅力和技能的提升，促进之后对知识和技巧的消化与吸收。

为什么我们将这次讲座命名为"将志者送往理想的彼岸"？其实我是在4天的开会时间内想的这个名字。因为我觉得我们所有的培训活动就是给那些有志于做专业，立志于在律师职业深度发展，愿意在这个行业中做出自己风格和职业价值的人搭建一个通道。最起码我个人和我们团体帮他搭建了一个实现个人理想的阶梯和桥梁，因此我们觉得在培训中还要关注对培训者产生的效果是否良好。

（二）纵向维度

我们的培训也考虑了纵向维度，除了关注对每个人和整个组织的实施效果，我们还要考虑对不同的律师应该有不同的定位。高级律师关注的是企业文化、领导风格、团队管理、项目管理、市场营销等方面。而中级律师，作为一群执业十几年、仍在积极进行法律实践、不断提升自身业务的群体，其需求和关注点与高级律师不同。那么我们对他们的培训重点在于对律师整体项目的管理。一名律师做到一定程度时，对个案的处理是很好的，但是他对一个整体项目的管理未必成功。因为之前诉讼律师的单打独斗与目前的团队化管理之间存在很大的学习与提高的空间。

比如在大成我管理的是一个40人的团队。其中一个案子或项目如何分组、每个人如何安排，这都是需要考虑的问题。同时还需要考虑这个人选在专业上是否过关？他的工作定位是怎样的，让他发挥专业能力、勇挑大梁还是在团队中起到补充作用？这些细致的问题可能都需要管理。所以当将这些细节被放大之后，你可能就参与整个律所的管理了。如果给你配三四个律师，两三个人怎么管？一个人怎么管？一个人的时候你就要和别人合伙、搭档。两个人、三个人、四个人你怎么管理？是跟你平等，还是一个层级之下，这都要有一个方法。所以我觉得作为中级律师就是要管项目，同时再管好手底下的人。

除了高级律师和中级律师，我们还有大批的青年律师，他们主要做一些基础技能性的工作。从一个有基础能力但缺乏律师职业能力打造的阶段迈向专业化、职业化，这是我们对于青年律师的安排。那么我们把这些活动的立体构架总结为，让青年律师懂得如何做好团队的辅助性工作、如何做好自己的职业转换、如何做好协调工作。中级律师除了管项目之外，还要学会转向市场，学会打开市场。因为律师市场往往存在"二八定律"，被高端律师，被在市场上打磨了很多年的老律师垄断了市场资源，我们的青年律师怎么打开市场？拥有自己的客户，而不是从老客户中分流出案子来，中级律师要提高这方面的能力。

四、律所培训体系的搭建和管理

（一）培训"三要素"

对于律所的培训，我觉得还是要考虑体系的整体搭建和管理。我们举办了这么多的活动，从中总结出了一定经验。我们的培训一共分为三个板块：讲师、内容、对象。讲师是决定一场培训效果好不好的最重要因素，讲师团队、讲师体系的打造是非常重要的。实际上我们还关注课程内容的安排，我们对课程内容的安排是以需求为导向的，如现在市场什么最火热，现在我们的职业环境需求和趋势是什么。对于大家分歧比较大的疑难问题要进行汇总和总结，让大家形成结论性和趋同性的认识，作为我们下一个法律问题的起点，这是我们主要考虑的两方面。

我最想说的是培训对象，很多人认为青年律师是培训的重点。我们应该教会青年律师出庭的技能，使人才专业化、企业化，完成职业转化，让青年律师认同律所的企业文化等。其实我觉得对于一个律所来讲，我们应该转移一下重心，把培养合伙人作为律所未来长足发展的重要基石。因为青年律师是我们后续发展的力量。而整个律师事务所在激烈的市场竞争中如何发展；目前怎样提升；当占据优势地位时如何继续保持；当发展到较为成熟阶段时再向哪个方向去拓展或者当你处于一流顶尖的律师团队或者是梯队之中时会有怎样的展望，这些关系律师事务所未来发展的关键问题不是青年律师能解决和完成的，完全需要我们的合伙人来共同建设。

合伙人要对自身的专业知识和管理技能进行不断的提升和更新，从刚才讨论的发展阶段来讲，比我年龄再大一点的或者是跟我年龄差不多的合伙人知识上可能稍有陈旧，如果不能及时更新自身的知识，不了解新型业态和发展趋势，就不能保持对行业发展趋势感知的敏锐度。我们的服务领域在哪儿？即使专业化的小所，比如专做建工、劳动仲裁等业务的精品所，发展到一定阶段后，后面再怎么发展都是由你的意识、观念来推动和决定的。因此合伙人站得有多高，律所就有可能发展到多高的位置。比如，如果对信息工具的重要性认知不够，就不可能花出大量的时间、精力、金钱给律所引入信息管理系统。

刚才我们说到金融专业委员会，它没落的原因是什么？当时设立这个专业委员会的负责人因为工作调动来到了我们部门，而除了他，别人都不了解这个东西，因此这个工作就无法进行下去了。

我们大成合并以后最大的收益是什么？是我们不用开发这套系统，国外这套系统已经有了，我们汉化即可。这是一个参差不齐的队伍，水平有高有低，后面的人总要发展。无论是国外还是国内，信息化、技术化越来越普及，这些技术与系统也早晚会用到。

什么是培育和培养？合伙人需要培养，企业文化的传承需要培育。最传统的培训是什么呢？师父带徒弟，在工作中进行培训。这种模式的好处是能够风格统一，最关键的一点是带你的师父有多深的根基和多高的水平。如果他不认同你的企业文化，那么他的徒弟也不会认同。如果师父在决策过程中不积极，那么徒弟也不会积极地参与。

培训对象不能只关注青年律师，也要关注中年律师。你得知道怎么做，给你一个任务清单你要知道如何做，这就是一个学习和成长的过程。所以我觉得就培训来讲，对合伙人的培训是我们律所未来长足发展的动力。

（二）讲师体系

1. 内部讲师

接下来谈一下讲师。我们的讲师分为两部分：内部讲师、外部讲师。开始我们依托的是内部讲师，比如说大成福州分所的张健，我第一次听他的课是在南京。他讲一部分，我讲一部分，其中他讲的是清单式的庭前准备方法，我觉得他讲课非常清晰，也非常有条理。此外，我们的内部讲师还包括麦欣、余力、袁华之、朱永锐、韩友谊、徐平、欧阳宇彤等，这些都是我们大成所内部的讲师。

我们找讲师很不容易。你首先要发现他，同时为了能使这些课程在受众中产生影响，我们邀请的都是较为成熟的导师，同时他也有讲课的能力与意愿。只有他的基本功底扎实，对受众有影响力，才能够带动我们内部的培训。我们在这个过程中也会挖掘语言表达、理论功底、学术背景比较不错的人，从而把他引入我们讲师的队伍当中。

2. 外部讲师

除此之外，我们还有外聘律师，这是我们近期考虑和引入的。之所以考虑外聘的律师，是由于最早的时候我们部门内部有几种方法，所有的合伙人轮流在自己的部门授课。有两个目的：其一，分享知识；其二，因为部门比较大，很多人不认识，不停地从别的部门转过来一些律师，都不了解你的主营业务是什么，所以我们让合伙人进来讲，讲的时候既是营养的补充、丰富，同时也让大家知道他做什么业务，以后有问题就可以联系到他。但是他总有穷尽的时候，我认为他可能是很好的律师，但他也未必是很好的讲师，因为要么他讲的内容高度有问题，要么理论不够深入。

所以今年我们新增了外聘的讲师，包括刘保玉、梁上上、李昊、姚辉、刘颖、周学峰、高圣平、许德峰、丁宇翔、刘君博等。对于我们来说，现在讲得好的、实务新的、观点前沿的是中青年学者。他们的知识储备与实务经验相对来说比较新，基本功也比较扎实。我们选择了一些专项课程，他们作为我们配套的师资，内、外部律师搭配授课也有利于提高理论深度。

其实我们最难的案件不一定是案情及法律关系如何复杂，往往是没有裁判标准的案件，比如没有裁判规则和法条或者通过法条找不到出路，此时就要从立法本意、条文的立法解释或者是法律关系、法律原理方面进行推导。这样才有可能突破它在规则和限制当中的错位或者是不平衡，从而得到较为合理和公平的结论。

一个案子拿过来，如果符合情理，但商业规则发展的合理预期达不到，有这个障碍，那个障碍，那你怎么突破它？只有从法理、立法本意、商业架构出发，从更多的商业价值角度去挖掘它，才能找出一条出路。

后面还有一个有关"团体诽谤"主题的沙龙，比如我今天在会议上说了一些不当言论触及某一个行业律师的利益了，他们这些律师都来起诉我。如何对这一行为进行评价呢？

现在互联网侵权诉讼案件越来越多。因此有关互联网侵权案件、开庭、证据、网上立案这些东西会越来越多。所以我们也要对网络、电子数据的证据运用等问题进行研究和探索，再去找这样的一个课题。

3. 讲师体系搭建存在的问题及解决方法

内外部讲师体系的搭建也存在一些问题，如怎样提高这些讲师的主动性呢？因为有些讲师是被推荐来的，其实他本人的主观意愿并不强烈，或者是能力有所欠缺。所以我们就要想办法来提高这些讲师的主动性和积极性。

我们希望通过广招贤才的形式让他们自愿参加活动，但是想让他们自愿参加就要有相应的激励政策。那么，具体能采取什么样的激励手段呢？我们可以承诺给自愿参与者提供专业性的互动性高的培训。此外，如果自愿报名成为讲师团人员，就可以免费参加各种培训活动，参与培训活动的差旅费报销。经过不断地授课，如果参与者中有人能成为实务授课名师，律所内部在对合伙人级别（分为初伙、二伙、高伙）晋升时也会将该实务授课能力作为竞争因素充分考虑在内。例如，韩友谊律师在来大成之前本身就是业界有名的授课名师，来到大成之后也就很自然地成了我们大成内部的优质授课资源。

（三）课程内容

课程内容的设置以市场需求为导向，比如说 2018 年最高人民法院的工作报告出来后，我们会发现报告中提及的重点有"一带一路"、京津冀协同一体化、东北老工业区振兴、自贸试验区等。就京津冀一体化而言，其中必然会涉及很多拆迁问题，那我们培训的内容也就肯定会针对性地设置这一板块，我们当时还邀请了在拆迁领域具有丰富实务经验的毕文强主任前来授课。

大成也会根据一些特殊项目的需要引进特殊人才，因为大成本身就是雄安委员会的顾问，那儿有好多的拆迁项目，但大部分都是一些基础性工作，由于大成总部这边的人力成本比较高，我们就开始从地方律师群体中引进特殊人才。有的律师本科可能并非毕业于211院校，不符合大成正常招聘律师的基本条件，但是你如果愿意参加这样的项目，并愿意为此服务几年，大成就愿意把你作为特殊人才引进来。

在 2018 年最高人民法院的工作报告中指出近年来知识产权纠纷、金融纠纷暴增，我们便就此开展了一些相关的产业论坛。以金融纠纷的相关培训内容为例，针对《九民会议纪要》中的部分重点内容来看我们的培训课程内容设置，包括民股实债、资产收益权转让暨回购等，二者高度吻合。我们的培训课程内容是在《九民会议纪要》出台前就选定的，这也表明了我们对市场和业务发展有很好的认知和预测。

（四）管理制度和流程

对于实务课程培训，我们还有一些管理制度，有强制性培训的因素在里面。比如，聘用制律师全年参加培训时长应达到培训总时长的 85% 以上，我举办了 10 次，你就得参加 9 次才能够到达到85%。如果达不到这个标准，就不能进行律师级别的晋升。同时，对于积极参加部门培训活动的律师，我们会对其进行相应奖励，为此我们专设了外部培训基金，专门鼓励积极汲取专业知识的这些律师参加所外培训并为其提供资金支持。如果在下一年度这些律师要去参加律所外部举办的一些高端课程，而又需要缴纳课程培训费的，这个费用可以由基金为其缴纳。条件就是，参加完培训课程的律师要把培训课件带回来，并就相关内容跟律所其他同事进行分享。

（五）评估体系

还有就是我们的评估体系，这个评估体系应该是我们培训教育当中通用的板块。实事求是地讲，这个评估体系我们目前正在做，不是说自己做得多好，我们只是希望对于讲师能够有一个同步的反馈。讲师讲完课之后学员对你有怎样的评价？你的课程需不需要调整？如果说你到达一定的程度又不改进的话那你可能就需要离开这个讲师队伍。

这种培训效果评估问卷表中的有些内容我们是直接把 APP 或者网上的培训调查选项拿过来自己改造，因为要是自己重建一个很困难，必须由专业人员完成，必须要有人力资源的人员去完成。我们没有时间和精力，所以可以借用一些格式并进行微调，将企业中通用东西拿过来再做微调。比如说像建立培训档案、培训效果转化率评估等，我们后续会考虑以什么样的方式把这方面的功能展示出来。这是我们未来应改进的地方，而不是我们现在已经做到了，但是我还是要把它放在这个板块里面，然后跟大家说我们培训后续应完善和改进的方向。

（六）培训管理

最后是培训管理，我们所有的培训活动都要有管理。管理就是对课程的实施与安排，包括对会场的布置、通知、会务安排等一系列琐碎事务的管控和支撑。如果没有管理，那么培训需求调查、培训计划制定、培训项目实施、培训效果评估就体现不出来，也不能为后续的工作总结出好的经验。

我最后的结语就是：培训全马，精进向前。希望能给大家分享和借鉴，这是我今天给大家做的分享，谢谢大家！

证据视角下的虚假诉讼（节选）

北京市京师律师事务所虚假诉讼

法律事务部主任　王朝勇 ◇

近几年，虚假诉讼出现率逐年递增。根据"中国裁判文书网"司法案例数据库的大数据显示：2015 年 11 月至 2020 年 12 月全国虚假诉讼罪案件共计 1081 件，案件类别包括公诉案件与自诉案件，各年份虚假诉讼案件数量分别为 2015 年 1 件、2016 年 39 件、2017 年 105 件、2018 年 206 件、2019 年 341 件、2020 年 389 件。民间借贷、建筑业及服务业是虚假诉讼发生的主要领域，其余领域为房屋买卖、婚姻、租赁、征地拆迁、股权纠纷、担保纠纷、继承等。2021 年最高人民检察院工作报告表明，全国检察院连续三年开展虚假诉讼专项监督初见成效，2021 年以抗诉或检察建议纠正"假官司"8816 件、起诉虚假诉讼犯罪 1135 人，同比分别下降 12.6% 和 16.1%。在山西、内蒙古、黑龙江、广西等 11 个省份建立了民事诉讼监督案件正卷、副卷一并调阅制度，把握案情更全面，检察监督更精准。2022 年 1 月至 9 月，全国检察机关共办结民事生效裁判监督案件 5.6 万件，共提出监督意见 1.1 万件，其中提出抗诉 3288 件，提出再审检察建议 7162 件，抗诉改变率 90.3%，再审检察建议采纳率 72.7%；对民事审判活动违法行为提出检察建议 4.1 万件；对民事执行活动违法行为提出检察建议 5 万件。其中，全国检察机关提出的民事诉讼监督意见中涉及虚假诉讼 6871 件。

一、司法改革进程对虚假诉讼的规制

基于虚构证据而提起虚假诉讼的现象一直存在，只是近年来频率增加，就目前看，我国对虚假诉讼的规制主要表现在：

1. 虚假诉讼符合侵权责任的构成，民法中可适用侵权归责

"诚实信用原则"在民法领域被称为"帝王条款"，《民法典》[1]第7条规定："民事主体从事民事活动，应当遵循诚信原则，秉持诚实，恪守承诺。"《民法典》第6条规定："民事主体从事民事活动，应当遵循公平原则，合理确定各方的权利和义务。"《民事诉讼法》第13条第1款也规定了诚实信用原则。对此，王利明教授认为，诚实信用要求处于法律上特殊联系的民事主体应忠诚、守信，做到谨慎维护对方的利益、满足对方的正当期待、给对方提供必要的信息等。这虽属法律原则而不能直接适用，但这种法治精神是贯穿于整个诉讼过程中的。虚假诉讼是对诚实信用原则的践踏，在民法中其完全可归为侵权责任领域，适用"过错归责"。

2.《民事诉讼法》对虚假诉讼的最新修订

2021年《民事诉讼法》修正后，其第13条第1款规定了"民事诉讼应当遵循诚信原则"。以法条的形式确定了诚信原则在诉讼法的地位。宋朝武教授认为，诚实信用原则在民事诉讼法中主要体现在：当事人真实陈述义务、促进诉讼进行的义务、禁止以欺骗方法形成不正当的诉讼状态、诉讼上权能的滥用等。尽管法律以条文的形式规定了当事人的诚信义务，但囿于经济利益的诱惑，许多人倾向于利用虚假诉讼的外衣掩盖其非法获取利益的行为。2022年1月正式施行的修正后的《民事诉讼法》，在法律层面上对其作出了明确规定。该法第115条规定："当事人之间恶意串通，企图通过诉讼、调解等方式侵害他人合法权益的，人民法院应当驳回其请求，并根据情节轻重予以罚款、拘留；构成犯罪的，依法追究刑事责任。"第116条规定："被执行人与他人恶意串通，通过诉讼、仲裁、调解等方式逃避履行法律文书确定的义务的，人民法院应当根据情节轻重

---

〔1〕《民法典》，即《中华人民共和国民法典》，本文中法律名称直接使用简称，省略"中华人民共和国"字样，下同。

予以罚款、拘留；构成犯罪的，依法追究刑事责任。"

3. 最高人民法院《关于适用〈中华人民共和国民事诉讼法〉的解释》（2022 年修正）中关于虚假诉讼的规定

第一百一十条 人民法院认为有必要的，可以要求当事人本人到庭，就案件有关事实接受询问。在询问当事人之前，可以要求其签署保证书。

保证书应当载明据实陈述、如有虚假陈述愿意接受处罚等内容。当事人应当在保证书上签名或者捺印。

负有举证证明责任的当事人拒绝到庭、拒绝接受询问或者拒绝签署保证书，待证事实又欠缺其他证据证明的，人民法院对其主张的事实不予认定。

第一百九十条 民事诉讼法第一百一十五条规定的他人合法权益，包括案外人的合法权益、国家利益、社会公共利益。

第三人根据民事诉讼法第五十九条第三款规定提起撤销之诉，经审查，原案当事人之间恶意串通进行虚假诉讼的，适用民事诉讼法第一百一十五条规定处理。

第一百九十一条 单位有民事诉讼法第一百一十五条或者第一百一十六条规定行为的，人民法院应当对该单位进行罚款，并可以对其主要负责人或者直接责任人员予以罚款、拘留；构成犯罪的，依法追究刑事责任。

第二百九十九条 第三人撤销之诉案件审理期间，人民法院对生效判决、裁定、调解书裁定再审的，受理第三人撤销之诉的人民法院应当裁定将第三人的诉讼请求并入再审程序。但有证据证明原审当事人之间恶意串通损害第三人合法权益的，人民法院应当先行审理第三人撤销之诉案件，裁定中止再审诉讼。

4. 最高人民法院《关于审理民间借贷案件适用法律若干问题的规定》（2020 年第二次修正）中关于虚假诉讼的规定

第十八条 人民法院审理民间借贷纠纷案件时发现有下列情形之一的，应当严格审查借贷发生的原因、时间、地点、款项来源、交付方式、款项流向以及借贷双方的关系、经济状况等事实，综合判断是否属于虚假民事诉讼：

（一）出借人明显不具备出借能力；

（二）出借人起诉所依据的事实和理由明显不符合常理；

（三）出借人不能提交债权凭证或者提交的债权凭证存在伪造的可能；

（四）当事人双方在一定期限内多次参加民间借贷诉讼；

（五）当事人无正当理由拒不到庭参加诉讼，委托代理人对借贷事实陈述不清或者陈述前后矛盾；

（六）当事人双方对借贷事实的发生没有任何争议或者诉辩明显不符合常理；

（七）借款人的配偶或者合伙人、案外人的其他债权人提出有事实依据的异议；

（八）当事人在其他纠纷中存在低价转让财产的情形；

（九）当事人不正当放弃权利；

（十）其他可能存在虚假民间借贷诉讼的情形。

第十九条 经查明属于虚假民间借贷诉讼，原告申请撤诉的，人民法院不予准许，并应当依据民事诉讼法第一百一十二条之规定，判决驳回其请求。

诉讼参与人或者其他人恶意制造、参与虚假诉讼，人民法院应当依据民事诉讼法第一百一十一条、第一百一十二条和第一百一十三条之规定，依法予以罚款、拘留；构成犯罪的，应当移送有管辖权的司法机关追究刑事责任。

单位恶意制造、参与虚假诉讼的，人民法院应当对该单位进行罚款，并可以对其主要负责人或者直接责任人员予以罚款、拘留；构成犯罪的，应当移送有管辖权的司法机关追究刑事责任。

5. 最高人民法院《关于防范和制裁虚假诉讼的指导意见》

2016 年 6 月 20 日，最高人民法院针对当前虚假诉讼常发的现状出台了《关于防范和制裁虚假诉讼的指导意见》（以下简称《意见》）。其中明确了虚假诉讼的构成要件，即双方当事人恶意串通、虚构事实，以规避法律、法规或国家政策谋取非法利益为目的，借用合法的民事程序侵害国家利益、社会公共利益或者案外人的合法权益。

《意见》列举了几种虚假诉讼的表现形式，如当事人之间关系密切、当事人诉求不合常理、双方积极申请调解并迅速达成调解协议等，以此提醒各级法院在审理此类民事诉讼中应加大对各种证据的审查力度，并尝试使用作证前宣示制度来提升证人证言的可采性。

《意见》的亮点在于对虚假诉讼的惩治配套措施，《意见》第 11 条至第 13 条规制了制造虚假诉讼的当事人，其承担的比例后果如将其列入失信人名单、驳回撤诉请求、承担刑事责任等；《意见》第 14 条至第 16 条是对除当事人以外其他参与诉讼的主体应承担惩罚性后果的列举，由此可以看出在惩治虚假诉讼相关责任人方面，最高人民法院正在构建一个综合性、立体式的责任承担框架，其集民事责任、刑事责任、行政责任于一体，有效地威慑了试图虚构诉讼损害国家、集体、第三人利益的行为人。此外，《意见》为执法部门提出了更高的要求，督促执法人员加强学习，提高对虚假诉讼的识别能力；各部门之间应积极探索建立多部门协调配合的综合治理机制。该《意见》的出台不仅是最高人民法院对当下虚假诉讼现象的大力出击，更是司法部门从司法领域维护市场经济有序进行的表现。

《意见》根据《民事诉讼法》等法律，结合司法领域虚假诉讼实际情况，对虚假诉讼的界定、虚假诉讼的表现特征、认定虚假诉讼的途径和方法、参与虚假诉讼不同主体的制裁以及对虚假诉讼的防范等问题作出了详细规定。

《意见》共18条，比较全面地构建起了包括虚假诉讼的释明机制、发现机制、识别机制和制裁机制在内的一整套制度体系。主要包括以下内容：①明确虚假诉讼的构成要素，使制裁更有针对性，有的放矢；明确虚假诉讼包括以规避法律法规或国家政策谋取非法利益为目的、恶意串通、虚构事实、借用合法的民事程序以及侵害国家利益、社会公共利益或者案外人的合法权益等五个核心要素。②对审判实践中经常发生的虚假诉讼特征进行归纳总结，要求对具有一个或多个特征的案件高度警惕，严格审查。③要求在查证事实过程中，严格准确适用民事诉讼法及其司法解释的相关规定。比如适当加大依职权调查取证力度、探索建立当事人和证人宣誓制度、严格适用自认规则等。④建立多维度的虚假诉讼惩罚制度，从妨碍民事诉讼的强制措施、民事赔偿责任到追究刑事责任，层层递进，逐步加重。⑤多管齐下，力争让虚假诉讼无所遁形。要求各级法院逐步与现有相关信息平台和国家征信体系接轨工作，加大与其他部门的协调力度。⑥区分人民法院工作人员、诉讼代理人、鉴定机构等不同主体，在现有法律框架内，分别规定具有针对性的惩罚措施。此外，《意见》还对设立立案警示制度、加强司法能力建设等方面作出了规定。以上规定对于防范和制裁虚假诉讼，维护司法权威，推进社会诚信建设将起到重要作用。

2013年以来，最高人民法院先后下发了《关于房地产调控政策下人民法院严格审查各类虚假诉讼的紧急通知》和《关于清查"以房抵债"等虚假诉讼案件的意见》，严厉打击房地产领域虚假诉讼行为。此次《意见》的发布，旨在对所有虚假诉讼行为进行全面防范和制裁，表明"零容忍"的态度和立场，引导当事人诚信诉讼。

《意见》是在充分调研、总结相关工作经验的基础上制定的。

6. 最高人民法院、最高人民检察院《关于办理虚假诉讼刑事案
件适用法律若干问题的解释》

最高人民法院、最高人民检察院公布了《关于办理虚假诉讼刑事案件适用法律若干问题的解释》（以下简称《解释》），《解释》分别于 2018 年 1 月 25 日由最高人民法院审判委员会第 1732 次会议、2018 年 6 月 13 日由最高人民检察院第十三届检察委员会第二次会议通过，将于 2018 年 10 月 1 日起施行。

近年来，民商事审判领域中的虚假诉讼现象呈现多发态势。虚假诉讼违法犯罪行为严重侵害了他人合法权益，损害了司法权威和司法公信力，人民群众反映强烈。为依法惩治此类行为，最高人民法院、最高人民检察院相继出台了一系列规定。

《解释》结合刑事司法工作实际，对刑法规定的虚假诉讼罪在具体适用方面的若干问题作出了明确规定，对于实践中综合运用民事、刑事等多种手段，依法惩治发生在民商事案件审判、执行程序中的虚假诉讼违法犯罪行为，维护正常司法秩序，保护公民、法人和其他组织的合法权益，具有重要意义。

《解释》共 12 个条文，从虚假诉讼犯罪行为的界定、定罪量刑标准、数罪竞合的处罚原则、刑事政策的把握、地域管辖的确定等方面作出了规定。

针对理论和实践中广泛关注和存在争议的虚假诉讼犯罪行为的界定和定罪量刑标准问题，《解释》规定，单方或者与他人恶意串通，采取伪造证据、虚假陈述等手段，捏造民事法律关系，虚构民事纠纷，向人民法院提起民事诉讼的，应当认定为刑法规定的虚假诉讼犯罪行为；向人民法院申请执行以捏造的事实作出的仲裁裁决、公证债权文书，或者以捏造的事实对执行标的提出异议、申请参与执行财产分配的，属于刑法规定的虚假诉讼犯罪行为；以捏造的事

实提起民事诉讼，致使人民法院基于捏造的事实作出裁判文书的，应当认定为虚假诉讼罪，在未作出裁判文书的情况下，行为人具有虚假诉讼违法犯罪前科，或者多次以捏造的事实提起民事诉讼，或者具有致使人民法院采取保全措施、致使人民法院开庭审理、干扰正常司法活动等情形的，也应当以虚假诉讼罪定罪处罚。

虚假诉讼刑事案件由虚假民事诉讼案件的受理法院所在地或者执行法院所在地人民法院管辖，以有利于侦办机关及时调取和固定证据，同时避免部分民事诉讼当事人故意利用刑事手段恶意干扰民商事案件的正常审理；在司法工作人员利用职权与他人共同实施虚假诉讼犯罪行为的情况下，可以实行异地管辖，确保此类案件公正审理。

7. 《刑法修正案（九）》新增了"虚假诉讼罪"对虚假诉讼的行为进行罪行化规制

从上述《民事诉讼法》的规定不难看出，这两条规定还对虚假诉讼的行为进行了附属刑法的规定。虽然这两条规定并未直接指明构成犯罪后所应当适用的条款，但是附属刑法作为连接刑法和其他部门法的纽带，指明了刑法之中必然应当存有与之对应的刑罚规范。为了倡导社会诚信、树立正确的民事诉讼观、加大对虚假民事诉讼行为的打击力度，以及有效衔接民事诉讼法和刑法的规定，《刑法修正案（九）》第35条在《刑法》第307条之后增加一条，对虚假民事诉讼行为进行犯罪化。

《刑法》第三百零七条之一 以捏造的事实提起民事诉讼，妨害司法秩序或者严重侵害他人合法权益的，处三年以下有期徒刑、拘役或者管制，并处或者单处罚金；情节严重的，处三年以上七年以下有期徒刑，并处罚金。

单位犯前款罪的，对单位判处罚金，并对其直接负责的主管人员和其他直接责任人员，依照前款的规定处罚。

有第一款行为，非法占有他人财产或者逃避合法债务，又构成其他犯罪的，依照处罚较重的规定从重处罚。

司法工作人员利用职权，与他人共同实施前三款行为的，从重处罚；同时构成其他犯罪的，依照处罚较重的规定定罪从重处罚。

8. 最高人民法院、最高人民检察院、公安部、司法部《关于进一步加强虚假诉讼犯罪惩治工作的意见》

第一章 总 则

第一条 为了进一步加强虚假诉讼犯罪惩治工作，维护司法公正和司法权威，保护自然人、法人和非法人组织的合法权益，促进社会诚信建设，根据《中华人民共和国刑法》《中华人民共和国刑事诉讼法》《中华人民共和国民事诉讼法》和《最高人民法院、最高人民检察院关于办理虚假诉讼刑事案件适用法律若干问题的解释》等规定，结合工作实际，制定本意见。

第二条 本意见所称虚假诉讼犯罪，是指行为人单独或者与他人恶意串通，采取伪造证据、虚假陈述等手段，捏造民事案件基本事实，虚构民事纠纷，向人民法院提起民事诉讼，妨害司法秩序或者严重侵害他人合法权益，依照法律应当受刑罚处罚的行为。

第三条 人民法院、人民检察院、公安机关、司法行政机关应当按照法定职责分工负责、配合协作，加强沟通协调，在履行职责过程中发现可能存在虚假诉讼犯罪的，应当及时相互通报情况，共同防范和惩治虚假诉讼犯罪。

第二章 虚假诉讼犯罪的甄别和发现

第四条 实施《最高人民法院、最高人民检察院关于办理虚假诉讼刑事案件适用法律若干问题的解释》第一条第一款、第二款规定的捏造事实行为，并有下列情形之一的，应当认定为刑法第三百

零七条之一第一款规定的"以捏造的事实提起民事诉讼":

（一）提出民事起诉的；

（二）向人民法院申请宣告失踪、宣告死亡，申请认定公民无民事行为能力、限制民事行为能力，申请认定财产无主，申请确认调解协议，申请实现担保物权，申请支付令，申请公示催告的；

（三）在民事诉讼过程中增加独立的诉讼请求、提出反诉，有独立请求权的第三人提出与本案有关的诉讼请求的；

（四）在破产案件审理过程中申报债权的；

（五）案外人申请民事再审的；

（六）向人民法院申请执行仲裁裁决、公证债权文书的；

（七）案外人在民事执行过程中对执行标的提出异议，债权人在民事执行过程中申请参与执行财产分配的；

（八）以其他手段捏造民事案件基本事实，虚构民事纠纷，提起民事诉讼的。

第五条　对于下列虚假诉讼犯罪易发的民事案件类型，人民法院、人民检察院在履行职责过程中应当予以重点关注：

（一）民间借贷纠纷案件；

（二）涉及房屋限购、机动车配置指标调控的以物抵债案件；

（三）以离婚诉讼一方当事人为被告的财产纠纷案件；

（四）以已经资不抵债或者已经被作为被执行人的自然人、法人和非法人组织为被告的财产纠纷案件；

（五）以拆迁区划范围内的自然人为当事人的离婚、分家析产、继承、房屋买卖合同纠纷案件；

（六）公司分立、合并和企业破产纠纷案件；

（七）劳动争议案件；

（八）涉及驰名商标认定的案件；

（九）其他需要重点关注的民事案件。

第六条 民事诉讼当事人有下列情形之一的，人民法院、人民检察院在履行职责过程中应当依法严格审查，及时甄别和发现虚假诉讼犯罪：

（一）原告起诉依据的事实、理由不符合常理，存在伪造证据、虚假陈述可能的；

（二）原告诉请司法保护的诉讼标的额与其自身经济状况严重不符的；

（三）在可能影响案外人利益的案件中，当事人之间存在近亲属关系或者关联企业等共同利益关系的；

（四）当事人之间不存在实质性民事权益争议和实质性诉辩对抗的；

（五）一方当事人对于另一方当事人提出的对其不利的事实明确表示承认，且不符合常理的；

（六）认定案件事实的证据不足，但双方当事人主动迅速达成调解协议，请求人民法院制作调解书的；

（七）当事人自愿以价格明显不对等的财产抵付债务的；

（八）民事诉讼过程中存在其他异常情况的。

第七条 民事诉讼代理人、证人、鉴定人等诉讼参与人有下列情形之一的，人民法院、人民检察院在履行职责过程中应当依法严格审查，及时甄别和发现虚假诉讼犯罪：

（一）诉讼代理人违规接受对方当事人或者案外人给付的财物或者其他利益，与对方当事人或者案外人恶意串通，侵害委托人合法权益的；

（二）故意提供虚假证据，指使、引诱他人伪造、变造证据、提供虚假证据或者隐匿、毁灭证据的；

（三）采取其他不正当手段干扰民事诉讼活动正常进行的。

第三章　线索移送和案件查处

第八条　人民法院、人民检察院、公安机关发现虚假诉讼犯罪的线索来源包括:

(一) 民事诉讼当事人、诉讼代理人和其他诉讼参与人、利害关系人、其他自然人、法人和非法人组织的报案、控告、举报和法律监督申请;

(二) 被害人有证据证明对被告人通过实施虚假诉讼行为侵犯自己合法权益的行为应当依法追究刑事责任,且有证据证明曾经提出控告,而公安机关或者人民检察院不予追究被告人刑事责任,向人民法院提出的刑事自诉;

(三) 人民法院、人民检察院、公安机关、司法行政机关履行职责过程中主动发现;

(四) 有关国家机关移送的案件线索;

(五) 其他线索来源。

第九条　虚假诉讼刑事案件由相关虚假民事诉讼案件的受理法院所在地或者执行法院所在地人民法院管辖。有刑法第三百零七条之一第四款情形的,上级人民法院可以指定下级人民法院将案件移送其他人民法院审判。

前款所称相关虚假民事诉讼案件的受理法院,包括该民事案件的一审、二审和再审法院。

虚假诉讼刑事案件的级别管辖,根据刑事诉讼法的规定确定。

第十条　人民法院、人民检察院向公安机关移送涉嫌虚假诉讼犯罪案件,应当附下列材料:

(一) 案件移送函,载明移送案件的人民法院或者人民检察院名称、民事案件当事人名称和案由、所处民事诉讼阶段、民事案件办理人及联系电话等。案件移送函应当附移送材料清单和回执,经人民法院或者人民检察院负责人批准后，加盖人民法院或者人民检察院公章；

（二）移送线索的情况说明，载明案件来源、当事人信息、涉嫌虚假诉讼犯罪的事实、法律依据等，并附相关证据材料；

（三）与民事案件有关的诉讼材料，包括起诉书、答辩状、庭审笔录、调查笔录、谈话笔录等。

人民法院、人民检察院应当指定专门职能部门负责涉嫌虚假诉讼犯罪案件的移送。

人民法院将涉嫌虚假诉讼犯罪案件移送公安机关的，同时将有关情况通报同级人民检察院。

第十一条 人民法院、人民检察院认定民事诉讼当事人和其他诉讼参与人的行为涉嫌虚假诉讼犯罪，除民事诉讼当事人、其他诉讼参与人或者案外人的陈述、证言外，一般还应有物证、书证或者其他证人证言等证据相印证。

第十二条 人民法院、人民检察院将涉嫌虚假诉讼犯罪案件有关材料移送公安机关的，接受案件的公安机关应当出具接受案件的回执或者在案件移送函所附回执上签收。

公安机关收到有关材料后，分别作出以下处理：

（一）认为移送的案件材料不全的，应当在收到有关材料之日起三日内通知移送的人民法院或者人民检察院在三日内补正。不得以材料不全为由不接受移送案件；

（二）认为有犯罪事实，需要追究刑事责任的，应当在收到有关材料之日起三十日内决定是否立案，并通知移送的人民法院或者人民检察院；

（三）认为有犯罪事实，但是不属于自己管辖的，应当立即报经县级以上公安机关负责人批准，在二十四小时内移送有管辖权的机关处理，并告知移送的人民法院或者人民检察院。对于必须采取紧急措施的，应当先采取紧急措施，然后办理手续，移送主管机关；

（四）认为没有犯罪事实，或者犯罪情节显著轻微不需要追究刑事责任的，或者具有其他依法不追究刑事责任情形的，经县级以上公安机关负责人批准，不予立案，并应当说明理由，制作不予立案通知书在三日内送达移送的人民法院或者人民检察院，退回有关材料。

第十三条 人民检察院依法对公安机关的刑事立案实行监督。

人民法院对公安机关的不予立案决定有异议的，可以建议人民检察院进行立案监督。

第四章 程序衔接

第十四条 人民法院向公安机关移送涉嫌虚假诉讼犯罪案件，民事案件必须以相关刑事案件的审理结果为依据的，应当依照民事诉讼法第一百五十三条第一款第五项的规定裁定中止诉讼。刑事案件的审理结果不影响民事诉讼程序正常进行的，民事案件应当继续审理。

第十五条 刑事案件裁判认定民事诉讼当事人的行为构成虚假诉讼犯罪，相关民事案件尚在审理或者执行过程中的，作出刑事裁判的人民法院应当及时函告审理或者执行该民事案件的人民法院。人民法院对于与虚假诉讼刑事案件的裁判存在冲突的已经发生法律效力的民事判决、裁定、调解书，应当及时依法启动审判监督程序予以纠正。

第十六条 公安机关依法自行立案侦办虚假诉讼刑事案件的，应当在立案后三日内将立案决定书等法律文书和相关材料复印件抄送对相关民事案件正在审理、执行或者作出生效裁判文书的人民法院并说明立案理由，同时通报办理民事案件人民法院的同级人民检察院。对相关民事案件正在审理、执行或者作出生效裁判文书的人民法院应当依法审查，依照相关规定做出处理，并在收到材料之日起三十日内将处理意见书面通报公安机关。

公安机关在办理刑事案件过程中，发现犯罪嫌疑人还涉嫌实施虚假诉讼犯罪的，可以一并处理。需要逮捕犯罪嫌疑人的，由侦查该案件的公安机关提请同级人民检察院审查批准；需要提起公诉的，由侦查该案件的公安机关移送同级人民检察院审查决定。

第十七条 有管辖权的公安机关接受民事诉讼当事人、诉讼代理人和其他诉讼参与人、利害关系人、其他自然人、法人和非法人组织的报案、控告、举报或者在履行职责过程中发现存在虚假诉讼犯罪嫌疑的，可以开展调查核实工作。经县级以上公安机关负责人批准，公安机关可以依照有关规定拷贝电子卷或者查阅、复制、摘录人民法院的民事诉讼卷宗，人民法院予以配合。

公安机关在办理刑事案件过程中，发现犯罪嫌疑人还涉嫌实施虚假诉讼犯罪的，适用前款规定。

第十八条 人民检察院发现已经发生法律效力的判决、裁定、调解书系民事诉讼当事人通过虚假诉讼获得的，应当依照民事诉讼法第二百一十五条第一款、第二款等法律和相关司法解释的规定，向人民法院提出再审检察建议或者抗诉。

第十九条 人民法院对人民检察院依照本意见第十八条的规定提出再审检察建议或者抗诉的民事案件，应当依照民事诉讼法等法律和相关司法解释的规定处理。按照审判监督程序决定再审、需要中止执行的，裁定中止原判决、裁定、调解书的执行。

第二十条 人民检察院办理民事诉讼监督案件过程中，发现存在虚假诉讼犯罪嫌疑的，可以向民事诉讼当事人或者案外人调查核实有关情况。有关单位和个人无正当理由拒不配合调查核实、妨害民事诉讼的，人民检察院可以建议有关人民法院依照民事诉讼法第一百一十四条第一款第五项等规定处理。

人民检察院针对存在虚假诉讼犯罪嫌疑的民事诉讼监督案件依照有关规定调阅人民法院的民事诉讼卷宗的，人民法院予以配合。通过拷贝电子卷、查阅、复制、摘录等方式能够满足办案需要的，可以不调阅诉讼卷宗。

人民检察院发现民事诉讼监督案件存在虚假诉讼犯罪嫌疑的，可以听取人民法院原承办人的意见。

第二十一条 对于存在虚假诉讼犯罪嫌疑的民事案件，人民法院可以依职权调查收集证据。当事人自认的事实与人民法院、人民检察院依职权调查并经审理查明的事实不符的，人民法院不予确认。

第五章 责任追究

第二十二条 对于故意制造、参与虚假诉讼犯罪活动的民事诉讼当事人和其他诉讼参与人，人民法院应当加大罚款、拘留等对妨害民事诉讼的强制措施的适用力度。

民事诉讼当事人、其他诉讼参与人实施虚假诉讼，人民法院向公安机关移送案件有关材料前，可以依照民事诉讼法的规定先行予以罚款、拘留。

对虚假诉讼刑事案件被告人判处罚金、有期徒刑或者拘役的，人民法院已经依照民事诉讼法的规定给予的罚款、拘留，应当依法折抵相应罚金或者刑期。

第二十三条 人民检察院可以建议人民法院依照民事诉讼法的规定，对故意制造、参与虚假诉讼的民事诉讼当事人和其他诉讼参与人采取罚款、拘留等强制措施。

第二十四条 司法工作人员利用职权参与虚假诉讼的，应当依照法律法规从严处理；构成犯罪的，依法从严追究刑事责任。

第二十五条 司法行政机关、相关行业协会应当加强对律师、基层法律服务工作者、司法鉴定人、公证员、仲裁员的教育和管理，发现上述人员利用职务之便参与虚假诉讼的，应当依照规定进行行政处罚或者行业惩戒；构成犯罪的，依法移送司法机关处理。律师、基层法律服务工作者、司法鉴定人、公证员、仲裁员利用职务之便参与虚假诉讼的，依照有关规定从严追究法律责任。

人民法院、人民检察院、公安机关在办理案件过程中，发现律师、基层法律服务工作者、司法鉴定人、公证员、仲裁员利用职务之便参与虚假诉讼，尚未构成犯罪的，可以向司法行政机关、相关行业协会或者上述人员所在单位发出书面建议。司法行政机关、相关行业协会或者上述人员所在单位应当在收到书面建议之日起三个月内作出处理决定，并书面回复作出书面建议的人民法院、人民检察院或者公安机关。

第六章　协作机制

第二十六条　人民法院、人民检察院、公安机关、司法行政机关探索建立民事判决、裁定、调解书等裁判文书信息共享机制和信息互通数据平台，综合运用信息化手段发掘虚假诉讼违法犯罪线索，逐步实现虚假诉讼违法犯罪案件信息、数据共享。

第二十七条　人民法院、人民检察院、公安机关、司法行政机关落实"谁执法谁普法"的普法责任制要求，通过定期开展法治宣传、向社会公开发布虚假诉讼典型案例、开展警示教育等形式，增强全社会对虚假诉讼违法犯罪的防范意识，震慑虚假诉讼违法犯罪。

第七章　附　则

第二十八条　各省、自治区、直辖市高级人民法院、人民检察院、公安机关、司法行政机关可以根据本地区实际情况，制定实施细则。

第二十九条　本意见自 2021 年 3 月 10 日起施行。

9. 《人民检察院民事诉讼监督规则》

第三十七条 人民检察院在履行职责中发现民事案件有下列情形之一的，应当依职权启动监督程序：

（一）损害国家利益或者社会公共利益的；

（二）审判、执行人员有贪污受贿，徇私舞弊，枉法裁判等违法行为的；

（三）当事人存在虚假诉讼等妨害司法秩序行为的；

第七十五条 人民检察院发现民事调解书损害国家利益、社会公共利益的，依法向人民法院提出再审检察建议或者抗诉。

人民检察院对当事人通过虚假诉讼获得的民事调解书应当依照前款规定监督。

第一百零四条 人民检察院对人民法院执行生效民事判决、裁定、调解书、支付令、仲裁裁决以及公证债权文书等法律文书的活动实行法律监督。

10. 最高人民法院《关于深入开展虚假诉讼整治工作的意见》

为进一步加强虚假诉讼整治工作，维护司法秩序、实现司法公正、树立司法权威，保护当事人合法权益，营造公平竞争市场环境，促进社会诚信建设，根据《中华人民共和国民法典》《中华人民共和国刑法》《中华人民共和国民事诉讼法》等规定，结合工作实际，制定本意见。

一、提高思想认识，强化责任担当。整治虚假诉讼工作，是党的十八届四中全会部署的重大任务，是人民法院肩负的政治责任、法律责任和社会责任，对于建设诚信社会、保护群众权利、保障经济发展、维护司法权威、建设法治国家具有重要意义。各级人民法院要坚持以习近平新时代中国特色社会主义思想为指导，深入学习贯彻习近平法治思想，依法贯彻民事诉讼诚实信用原则，坚持制度的刚性，扎紧制度的笼子，压缩虚假诉讼存在的空间，铲除虚假诉讼滋生的土壤，积极引导人民群众依法诚信诉讼，让法安天下、德润人心，大力弘扬诚实守信的社会主义核心价值观。

二、精准甄别查处，依法保护诉权。单独或者与他人恶意串通，采取伪造证据、虚假陈述等手段，捏造民事案件基本事实，虚构民事纠纷，向人民法院提起民事诉讼，损害国家利益、社会公共利益或者他人合法权益，妨害司法秩序的，构成虚假诉讼。向人民法院申请执行基于捏造的事实作出的仲裁裁决、调解书及公证债权文书，在民事执行过程中以捏造的事实对执行标的提出异议、申请参与执行财产分配的，也属于虚假诉讼。诉讼代理人、证人、鉴定人、公证人等与他人串通，共同实施虚假诉讼的，属于虚假诉讼行为人。在整治虚假诉讼的同时，应当依法保护当事人诉权。既要防止以保护当事人诉权为由，放松对虚假诉讼的甄别、查处，又要防止以整治虚假诉讼为由，当立案不立案，损害当事人诉权。

三、把准特征表现，做好靶向整治。各级人民法院要积极总结司法实践经验，准确把握虚假诉讼的特征表现，做到精准施治、靶向整治。对存在下列情形的案件，要高度警惕、严格审查，有效防范虚假诉讼：原告起诉依据的事实、理由不符合常理；诉讼标的额与原告经济状况严重不符；当事人之间存在亲属关系、关联关系等利害关系，诉讼结果可能涉及案外人利益；当事人之间不存在实质性民事权益争议，在诉讼中没有实质性对抗辩论；当事人的自认不符合常理；当事人身陷沉重债务负担却以明显不合理的低价转让财产、以明显不合理的高价受让财产或者放弃财产权利；认定案件事实的证据不足，当事人却主动迅速达成调解协议，请求人民法院制作调解书；当事人亲历案件事实却不能完整准确陈述案件事实或者陈述前后矛盾等。

四、聚焦重点领域，加大整治力度。民间借贷纠纷，执行异议之诉，劳动争议，离婚析产纠纷，诉离婚案件一方当事人的财产纠纷，企业破产纠纷，公司分立（合并）纠纷，涉驰名商标的商标纠纷，涉拆迁的离婚、分家析产、继承、房屋买卖合同纠纷，涉房屋限购和机动车配置指标调控等宏观调控政策的买卖合同、以物抵债纠纷等各类纠纷，是虚假诉讼易发领域。对上述案件，各级人民法院应当重点关注、严格审查，加大整治虚假诉讼工作力度。

五、坚持分类施策，提高整治实效。人民法院认定为虚假诉讼的案件，原告申请撤诉的，不予准许，应当根据民事诉讼法第一百一十五条规定，驳回其诉讼请求。虚假诉讼行为情节恶劣、后果严重或者多次参与虚假诉讼、制造系列虚假诉讼案件的，要加大处罚力度。虚假诉讼侵害他人民事权益的，行为人应当承担赔偿责任。人民法院在办理案件过程中发现虚假诉讼涉嫌犯罪的，应当依法及时将相关材料移送刑事侦查机关；公职人员或者国有企事业单位人员制造、参与虚假诉讼的，应当通报所在单位或者监察机关；律师、基层法律服务工作者、鉴定人、公证人等制造、参与虚假诉讼的，可以向有关行政主管部门、行业协会发出司法建议，督促及时予以行政处罚或者行业惩戒。司法工作人员利用职权参与虚假诉讼的，应当依法从严惩处，构成犯罪的，应当依法从严追究刑事责任。

六、加强立案甄别，做好警示提醒。立案阶段，可以通过立案辅助系统、中国裁判文书网等信息系统检索案件当事人是否有关联案件，核查当事人身份信息。当事人存在多件未结案件、关联案件或者发现其他可能存在虚假诉讼情形的，应当对当事人信息进行重点核实。发现存在虚假诉讼嫌疑的，应当对行为人进行警示提醒，并在办案系统中进行标记，提示审判和执行部门重点关注案件可能存在虚假诉讼风险。

七、坚持多措并举，查明案件事实。审理涉嫌虚假诉讼的案件，在询问当事人之前或者证人作证之前，应当要求当事人、证人签署保证书。保证书应当载明据实陈述、如有虚假陈述愿意接受处罚等内容。负有举证责任的当事人拒绝到庭、拒绝接受询问或者拒绝签署保证书，待证事实又欠缺其他证据证明的，对其主张的事实不予认定。证人拒绝签署保证书的，不得作证，自行承担相关费用。涉嫌通过虚假诉讼损害国家利益、社会公共利益或者他人合法权益的案件，人民法院应当调查收集相关证据，查明案件基本事实。

八、慎查调解协议，确保真实合法。当事人对诉讼标的无实质性争议，主动达成调解协议并申请人民法院出具调解书的，应当审查协议内容是否符合案件基本事实、是否违反法律规定、是否涉及案外人利益、是否规避国家政策。调解协议涉及确权内容的，应当在查明权利归属的基础上决定是否出具调解书。不能仅以当事人可自愿处分民事权益为由，降低对调解协议所涉法律关系真实性、合法性的审查标准，尤其要注重审查调解协议是否损害国家利益、社会公共利益或者他人合法权益。当事人诉前达成调解协议，申请司法确认的，应当着重审查调解协议是否存在违反法律、行政法规强制性规定、违背公序良俗或者侵害国家利益、社会公共利益、他人合法权益等情形；诉前调解协议内容涉及物权、知识产权确权的，应当裁定不予受理，已经受理的，应当裁定驳回申请。

九、严格依法执行，严防虚假诉讼。在执行异议、复议、参与分配等程序中应当加大对虚假诉讼的查处力度。对可能发生虚假诉讼的情形应当重点审查。从诉讼主体、证据与案件事实的关联程度、各证据之间的联系等方面，全面审查案件事实及法律关系的真实性，综合判断是否存在以捏造事实对执行标的提出异议、申请参与分配或者其他导致人民法院错误执行的行为。对涉嫌虚假诉讼的案件，应当传唤当事人、证人到庭，就相关案件事实当庭询问。主动向当事人释明参与虚假诉讼的法律后果，引导当事人诚信诉讼。认定为虚假诉讼的案件，应当裁定不予受理或者驳回申请；已经受理的，应当裁定驳回其请求。

十、加强执行审查，严查虚假非诉法律文书。重点防范依据虚假仲裁裁决、仲裁调解书、公证债权文书等非诉法律文书申请执行行为。在非诉法律文书执行中，当事人存在通过恶意串通、捏造事实等方式取得生效法律文书申请执行嫌疑的，应当依法进行严格实质审查。加大依职权调取证据力度，结合当事人关系、案件事实、仲裁和公证过程等多方面情况审查判断相关法律文书是否存在虚假情形，是否损害国家利益、社会公共利益或者他人合法权益。存在上述情形的，应当依法裁定不予执行，必要时可以向仲裁机构或者公证机关发出司法建议。

十一、加强证据审查，查处虚假执行异议之诉。执行异议之诉是当前虚假诉讼增长较快的领域，要高度重视执行异议之诉中防范和惩治虚假诉讼的重要性、紧迫性。正确分配举证责任，无论是案外人执行异议之诉还是申请执行人执行异议之诉，均应当由案外人就其对执行标的享有足以排除强制执行的民事权益承担举证责任。严格审查全案证据的真实性、合法性、关联性，对涉嫌虚假诉讼的案件，可以通过传唤案外人到庭陈述、通知当事人提交原始证据、依职权调查核实等方式，严格审查案外人权益的真实性、合法性。

十二、厘清法律关系，防止恶意串通逃避执行。执行异议之诉涉及三方当事人之间多个法律关系，利益冲突主要发生在案外人与申请执行人之间，对于被执行人就涉案外人权益相关事实的自认，应当审慎认定。被执行人与案外人具有亲属关系、关联关系等利害关系，诉讼中相互支持，缺乏充分证据证明案外人享有足以排除强制执行的民事权益的，不应支持案外人主张。案外人依据执行标的被查封、扣押、冻结后作出的另案生效确权法律文书，提起执行异议之诉主张排除强制执行的，应当注意审查是否存在当事人恶意串通等事实。

十三、加强甄别查处，防范虚假民间借贷诉讼。民间借贷是虚假诉讼较为活跃的领域，要审慎审查民间借贷案件，依照《最高人民法院关于审理民间借贷案件适用法律若干问题的规定》的有关规定，准确甄别、严格防范、严厉惩治虚假民间借贷诉讼。对涉嫌虚假诉讼的民间借贷案件，当事人主张以现金方式支付大额借款的，应当对出借人现金来源、取款凭证、交付情况等细节事实进行审查，结合出借人经济能力、当地交易习惯、交易过程是否符合常理等事实对借贷关系作出认定。当事人主张通过转账方式支付大额借款的，应当对是否存在"闭环"转账、循环转账、明走账贷款暗现金还款等事实进行审查。负有举证责任的原告无正当理由拒不到庭，经审查现有证据无法确认借贷行为、借贷金额、支付方式等案件基本事实的，对原告主张的事实不予认定。

十四、严查借贷本息，依法整治违法民间借贷。对涉嫌虚假诉讼的民间借贷案件，应当重点审查借贷关系真实性、本金借贷数额和利息保护范围等问题。虚构民间借贷关系，逃避执行、逃废债务的，对原告主张不应支持。通过"断头息"、伪造证据等手段，虚增借贷本金的，应当依据出借人实际出借金额认定借款本金数额。以"罚息""违约金""服务费""中介费""保证金""延期费"等名义从事高利贷的，对于超过法定利率保护上限的利息，不予保护。

十五、严审合同效力，整治虚假房屋买卖诉讼。为逃废债务、逃避执行、获得非法拆迁利益、规避宏观调控政策等非法目的，虚构房屋买卖合同关系提起诉讼的，应当认定合同无效。买受人虚构购房资格参与司法拍卖房产活动且竞拍成功，当事人、利害关系人以违背公序良俗为由主张该拍卖行为无效的，应予支持。买受人虚构购房资格导致拍卖行为无效的，应当依法承担赔偿责任。

十六、坚持查假纠错，依法救济受害人的权利。对涉嫌虚假诉讼的案件，可以通知与案件裁判结果可能存在利害关系的人作为第三人参加诉讼。对查处的虚假诉讼案件，应当依法对虚假诉讼案件生效裁判进行纠错。对造成他人损失的虚假诉讼案件，受害人请求虚假诉讼行为人承担赔偿责任的，应予支持。虚假诉讼行为人赔偿责任大小可以根据其过错大小、情节轻重、受害人损失大小等因素作出认定。

十七、依法认定犯罪，从严追究虚假诉讼刑事责任。虚假诉讼行为符合刑法和司法解释规定的定罪标准的，要依法认定为虚假诉讼罪等罪名，从严追究行为人的刑事责任。实施虚假诉讼犯罪，非法占有他人财产或者逃避合法债务，又构成诈骗罪、职务侵占罪、拒不执行判决、裁定罪、贪污罪等犯罪的，依照处罚较重的罪名定罪并从重处罚。对于多人结伙实施的虚假诉讼共同犯罪中罪责最突出的主犯、有虚假诉讼违法犯罪前科再次实施虚假诉讼犯罪的被告人，要充分体现从严，控制缓刑、免予刑事处罚的适用范围。

十八、保持高压态势，严惩"套路贷"虚假诉讼犯罪。及时甄别、依法严厉打击"套路贷"中的虚假诉讼违法犯罪行为，符合黑恶势力认定标准的，应当依法认定。对于被告人实施"套路贷"违法所得的一切财物，应当予以追缴或者责令退赔，依法保护被害人的财产权利。保持对"套路贷"虚假诉讼违法犯罪的高压严打态势，将依法严厉打击"套路贷"虚假诉讼违法犯罪作为常态化开展扫黑除恶斗争的重要内容，切实维护司法秩序和人民群众合法权益，满足人民群众对公平正义的心理期待。

十九、做好程序衔接，保持刑民协同。经审理认为民事诉讼当事人的行为构成虚假诉讼犯罪的，作出生效刑事裁判的人民法院应当及时函告审理或者执行该民事案件的人民法院。生效刑事裁判认定构成虚假诉讼犯罪的，有关人民法院应当及时依法启动审判监督程序对相关民事判决、裁定、调解书予以纠正。当事人、案外人以生效刑事裁判认定构成虚假诉讼犯罪为由对生效民事判决、裁定、调解书申请再审的，应当依法及时进行审查。

二十、加强队伍建设，提升整治能力。各级人民法院要及时组织法院干警学习掌握中央和地方各项经济社会政策；将甄别和查处虚假诉讼纳入法官培训范围；通过典型案例分析、审判业务交流、庭审观摩等多种形式，提高法官甄别和查处虚假诉讼的司法能力；严格落实司法责任制，对参与虚假诉讼的法院工作人员依规依纪严肃处理，建设忠诚干净担当的人民法院队伍。法院工作人员利用职权与他人共同实施虚假诉讼行为，构成虚假诉讼罪的，依法从重处罚，同时构成其他犯罪的，依照处罚较重的规定定罪并从重处罚。法院工作人员不正确履行职责，玩忽职守，致使虚假诉讼案件进入诉讼程序，导致公共财产、国家和人民利益遭受重大损失，符合刑法规定的犯罪构成要件的，依照玩忽职守罪、执行判决、裁定失职罪等罪名定罪处罚。

二十一、强化配合协调，形成整治合力。各级人民法院要积极探索与人民检察院、公安机关、司法行政机关等职能部门建立完善虚假诉讼案件信息共享机制、虚假诉讼违法犯罪线索移送机制、虚假诉讼刑民交叉案件协调惩治机制、整治虚假诉讼联席会议机制等工作机制；与各政法单位既分工负责、又沟通配合，推动建立信息互联共享、程序有序衔接、整治协调配合、制度共商共建的虚假诉讼整治工作格局。

二十二、探索信用惩戒，助力诚信建设。各级人民法院要积极探索建立虚假诉讼"黑名单"制度。建立虚假诉讼失信人名单信息库，在"立、审、执"环节自动识别虚假诉讼人员信息，对办案人员进行自动提示、自动预警，提醒办案人员对相关案件进行重点审查。积极探索虚假诉讼人员名单向社会公开和信用惩戒机制，争取与征信机构的信息数据库对接，推动社会信用体系建设。通过信用惩戒增加虚假诉讼人员违法成本，积极在全社会营造不敢、不能、不愿虚假诉讼的法治环境，助力诚信社会建设，保障市场经济平稳、有序、高效发展。

二十三、开展普法宣传，弘扬诉讼诚信。各级人民法院要贯彻落实"谁执法谁普法"的普法责任制要求，充分发挥人民法院处于办案一线的优势，深入剖析虚假诉讼典型案例，及时向全社会公布，加大宣传力度，弘扬诚实信用民事诉讼原则，彰显人民法院严厉打击虚假诉讼的决心，增强全社会对虚假诉讼违法行为的防范意识，对虚假诉讼行为形成强大震慑。通过在诉讼服务大厅、诉讼服务网、12368 热线、移动微法院等平台和"人民法院民事诉讼风险提示书"等途径，告知诚信诉讼义务，释明虚假诉讼法律责任，引导当事人依法诚信诉讼，让公正司法、全民守法、诚实守信的理念深深植根于人民群众心中。

二十四、本意见自 2021 年 11 月 10 日起施行。

二、犯罪构成特征

根据上述条文，虚假诉讼罪是指以捏造的事实提起民事诉讼，妨害司法秩序或者严重侵害他人合法权益的行为。该罪的构成特征有以下几个方面：

1. 犯罪客体

该罪所侵犯的客体是复杂客体，即包括司法机关的正常活动秩序，具体而言，是司法机关正常的民事诉讼活动秩序，也包括他人的财产权、婚姻权、收养权、监护权、继承权等合法权益。

2. 客观方面

该罪的客观方面表现为，行为人以捏造的事实提起民事诉讼，妨害司法秩序或者严重侵害他人合法权益的行为。

首先，行为人必须捏造事实。所谓"捏造事实"，是指行为人虚构、臆造根本不存在并与真实情况相悖的事实情况，既可以是完全捏造，毫无真实成分，也可以是存有部分真实成分，部分捏造。

其次，行为人提起的必须是民事诉讼，即作为平等主体的公民之间、法人之间、其他组织之间以及它们相互之间因财产关系和人身关系所提起的诉讼。

最后，行为人捏造事实提起民事诉讼的行为，应妨害司法秩序或者严重侵害他人合法权益。"妨害司法秩序"是指扰乱了司法机关正常的民事诉讼活动秩序，浪费司法资源。"严重侵害他人合法权益"是指严重侵害他人的财产权、婚姻权、收养权、监护权、继承权等合法权益，如导致他人丧失财产、婚姻关系破裂、丧失收养他人或被他人收养的权利、监护他人或者被他人监护的权利、继承财产或被继承财产的权利等。

3. 犯罪主体

该罪的主体为一般主体，年满 16 周岁，具备刑事责任能力且还应当具备民事诉讼行为能力，能够提起民事诉讼的自然人。单位也可以成为该罪的主体。

4. 主观方面

该罪的主观方面为故意，一般来说是直接故意，明知自己是用捏造的事实提起诉讼，该罪并未规定行为人需具备特定的主观目的，所以行为人进行虚假诉讼的主观目的是否谋取利益，谋取利益的性质是否正当均不影响该罪的成立。

根据上述犯罪构成特征，所有的捏造事实提起民事诉讼的行为都会妨害司法秩序，所以该罪是行为犯，只要实施了捏造事实提起民事诉讼的行为即成立虚假诉讼罪。

三、实践中对律师参与虚假诉讼的处理方式

民事诉讼中的律师可以作为虚假诉讼罪的正犯而不是帮助犯。

虚假诉讼罪的犯罪主体一般是虚假诉讼的提起者，也即民事诉讼中的原告或者反诉中的被告。虚假诉讼罪看似与律师的执业行为无太大关系，但民事诉讼中的原告或者反诉中的被告在提起民事诉讼时，往往会选择委托律师，有的当事人甚至全权委托律师，而在整个诉讼过程中都不露面。但虚假诉讼罪的犯罪主体并不必须为诉讼当事人。律师完全有可能作为虚假诉讼的提起者而构成虚假诉讼罪，而不是作为诉讼当事人的帮助犯。这等于将律师的帮助行为实行化，将原来的共同犯罪规定为单独犯罪，不再使用共同犯罪中的一些规定，包括从轻或者减轻处罚规定。

律师在立案阶段就可能构成虚假诉讼罪。在当事人全权委托律师提起或者律师与诉讼当事人同谋提起虚假民事诉讼的情形下，律师都可能构成虚假诉讼罪。虚假诉讼罪是一种行为犯，"严重妨害司法秩序"只是强调了该罪所侵犯的法益是司法秩序。因此只要提起虚假诉讼，即构成此罪。虚假诉讼罪的既遂标准着眼于"起"。在当下民事诉讼立案登记取代立案审查的制度背景下，提起诉讼就等于立案。由此可以看出，立法机关将打击虚假诉讼的时间点提前到诉讼提起时，律师在立案阶段就有可能构成虚假诉讼罪。

通过对已有虚假诉讼案例的分析，可以发现，虚假诉讼的制造者除了一般的自然人或者法人外，一些具有特殊身份的自然人，如律师、法官，也可能成为虚假诉讼的制造者。那么，对于这些具有特殊身份的人群，除了能按照上述法律对其违法行为乃至犯罪行为进行规制外，还可以结合我国《律师法》《法官法》等与他们特殊身份有关的法律、法规或者其他规范性文件对其进行双重处理，从而起到严厉打击知法犯法、权力滥用行为的作用，亦能起到很好的警示和震慑作用。

律师作为法律职业者，与其他司法工作人员一样，应当遵守基本的法律道德和法律职业操守，《律师法》对此有明文规定。律师拥有专业的法律知识，运用专业技术为当事人进行诉讼代理。一旦律师参与策划或者亲自办理虚假诉讼，对于虚假诉讼的识别与防范治理的难度必然增加。

实务中，有的律师被当事人提供的伪造证据材料、恶意串通所蒙蔽，在不知情的情况下参与当事人会谈、搜集证据，会发现该案系虚假诉讼，但受利益驱动仍然违规进行诉讼代理；也有个别律师在巨额利益的引诱下，或在当事人的怂恿蛊惑下，直接导演操纵、出谋划策、参与制造虚假诉讼，甚至不惜铤而走险亲自上阵进行虚假诉讼代理活动。尽管这属于个别现象，但仍然严重影响了人民群众对律师行业的客观评价，损害了整个律师行业的外部形象。因此，对于操控、制造、教唆、帮助或者参与虚假诉讼的律师，应当从以下几个方面进行处理：

首先，人民法院应当向律师行业协会发出司法建议，对参与虚假诉讼的律师进行重点关注，加强对其行为的监管，防止出现其他虚假诉讼的风险；其次，人民法院还应当向司法行政部门发出司法建议，依照《律师法》有关规定予以惩戒，从严处理；再次，人民法院还要按照《民事诉讼法》第 115 条的规定，予以从重罚款、拘留；最后，构成刑事犯罪的，依法移交公安、检察机关追究其刑事责任。

律师是保障当事人合法权益的忠诚卫士，是法治事业的重要参与者，是法律共同体的一员。正因为如此，才更需要将律师的执业行为纳入法治轨道，一旦律师做出严重危害社会的行为，违反了刑法，后果则不堪设想。因此，任何律师都应当恪守职业约束与执业纪律，坚决制止自己的当事人进行虚假诉讼的企图和尝试，同时不断提高对虚假诉讼的识别能力和应对能力，指导、帮助当事人采取必要措施，理性诉讼，终结虚假诉讼，维护好当事人的合法权益。

君子志于道　盈科而后进

——盈科律师事务所青年律师教育培训工作报告

盈科律师事务所全国业务指导委员会秘书长　郭　琪 ◇

"流水之为物也，不盈科不行；君子之志于道也，不成章不达。源泉混混，不舍昼夜；盈科而后进，放乎四海。"

这是盈科的渊源，也是盈科律师事务所对青年律师培养的理念。青年律师必须树立正确的价值观、职业观和道德观，身正而后行，先立人而后成事，方能行稳致远。

一、青年律师的范围界定及需求

中国律师行业的发展成就和速度令世界瞩目。30 多年的时光，中国已经造就了 30 余万人的律师队伍、2.8 万余家律师事务所。从年龄结构看，30 岁以下的律师 6.6 万多人，占 18.2%；30 岁（含）至 50 岁的律师 23.2 万多人，占 63.9%。《关于扶持青年律师发展的指导意见》对青年律师的定义，是指执业年限不满 3 年且年龄在 40 周岁（含）以内的专职律师。

结合盈科律师事务所的实际情况，我们将"青年律师"的范围进行了扩大，只要满足执业年限不满 3 年或年龄在 40 周岁（含）以内任何一个条件的专职律师，在盈科都要接受系统性的青年律师教育培训，这部分律师占比达到盈科全国执业律师的一半。

为青年律师制定行之有效的培训方案，首先要仔细了解分析其需求：

（1）青年律师群体的现状与困境。业务来源狭窄、贫乏；职业收入较低，压力较大；职业心理定位缺失，执业前景迷茫；缺乏科学的、系统的、延续性的业务指导和职业训练。

（2）律师行业需要传承与创新。现今律师行业人才培养得益于技术革命，已经突破了传统的"师徒模式"，基于互联网及各大学习平台，青年律师可随时学习。但是这种全新的路径和模式，仅仅是"授业"，只解决青年律师业务知识、业务技能的获取问题，而不是"传道"，不能解决如何帮助青年律师树立正确职业观、培养鉴定法治信仰等这些更重要的问题。牛顿说"如果我比别人看得远，那是因为我站在巨人的肩膀上"，这就是传承。

（3）律师需要经受严苛的法律培训，承受高强度的工作负荷，具备排除一切干扰、全心全意服务其委托人的能力。传统律所的分层式学徒模式可以有效培养青年律师的法律执业能力，但是满足法律服务市场的综合性需求，已经越发依赖于律师事务所的有效管理了。

二、盈科对青年律师培训的体制和机制

盈科作为一家规模大所，所有分所都由总部直接投资、直接管理，"职业经理人"为根本制度，其专注于律所的管理，有效统筹全国的资源，对于青年律师的培养可以更加全面、稳步地推进，让青年律师专注于自己的成长。盈科的培训体系整体可以概括为"一个可持续发展的闭环，两个专门的组织机构，三个有力保障"。

（一）可持续发展闭环——盈科专业化布局促进培训工作的可持续化

传统的培训模式是单线的，大体为：研发—培训—实施，而盈科通过以全国业务指导委员会为核心的专业化布局，盈科律师研究院、律师学院、各专委会及中心、分所大部门相互衔接，形成了盈科对于律师培养的可持续（闭环）发展模式：

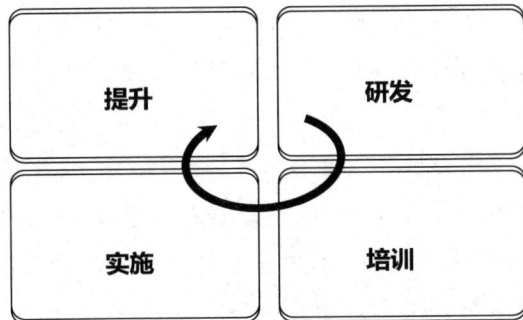

研发——盈科律师研究院：以前沿交叉多专业、创新性法律服务市场和产品研发为己任，致力于自主研发和创新。

培训——盈科律师学院：落实盈科法律人才发展战略，提升盈科律师的专业化法律服务能力。

实施——各分所大部门：以分所为单位，在分所内集合各专业律师成立专业领域部门，组织本所律师进行学习、交流；保障专业化成果的落地与推进。

提升——各专业委员会和中心：优化各专业化的交流平台和网络，与分所大部门紧密联动，推动各专业领域标准化建设和前沿问题研究。

(二) 两个专门的组织机构——盈科律师学院和盈科青年律师工作委员会

青年律师培养在闭环中的核心是培训工作，盈科律师学院在专业化培养方面发挥了至关重要的作用。律师学院建立了以业内资深律师为主、外聘专家讲师为辅的百余人师资库，培训范围涵盖知识产权、公司风险控制、企业并购重组、民商诉讼仲裁、金融工具、房地产建设工程、刑事诉讼、行政诉讼、资本市场、不良资产、政府和社会资本合作、国际法律事务、微技能等法律业务领域。根据律师法律职业不同发展阶段及相应特点，盈科律师学院制定了三大培训模块，即针对青年律师的盈科大讲堂式培训、针对有一定执业经验律师的集训式公益培训和针对具体专业化需求的高端封闭式培训。

青年律师工作委员会负责本所青年律师的培养教育和管理工作，宗旨是以提升盈科青年律师业务素质和职业道德为己任，理念是"授人以鱼不如授人以渔"。2015年8月8日，盈科全国青年律师工作委员会在郑州召开第一次工作会议，明确了盈科青年律师工作委员会"青年兴，盈科兴"的发展愿景。各个分所相继成立了"盈科青年律师之家"，让各分所的青年律师有了活动基地，实现了青年律师工作委员会工作在各地分所铺开的局面。盈科青年律师工作委员会为青年律师搭建平台、建立基地，组建"盈科全国青年律师工作委员会巡讲团"并开展系列活动，"年度盈科优秀未来之星"评选活动树立盈科青年律师楷模，引导盈科青年律师快速成长。

2019年6月28日，首期盈科青年律师菁英班在中国政法大学开课，经过报名与选拔，盈科全国100余名青年律师参加了培训，为期6天的系统课程涵盖了基础培训、专题培训、拓展训练、分享会、演讲比赛等模块。基础培训课程包含《律师形象与礼仪》《党建带所建》《律师职业信仰和发展战略》。专题培训每期设置不同的主题，首期菁英班主题为"青年刑辩律师"，具体专题课程为《刑辩律师执业风险防范》《刑辩律师服务流程标准化》《法庭质证技能核心要点》《演讲对刑辩律师的重要性》《互联网时代刑辩律师必须掌握的几项技能》《刑辩律师如何说服法官》《青年刑辩律师如何塑造品牌赢得客户》等一系列为青年刑辩律师量身定制的实操性课程。

（三）三个有力保障

第一，盈科专家顾问委员会。盈科律师事务所在探索中已经形成了自上而下网格状的专业化布局，用专业书籍、专业案例、专业人才、专业领域打造盈科专业化品牌。2018年，先后有18位国内顶尖高校的权威法学专家受聘为盈科专家顾问，给予盈科智力支持，发挥咨询参谋作用，在管理和法律服务等方面对盈科的发展提出了宝贵建议。随着越来越多的专家学者加入盈科"智库"，盈科的专业化建设将得到进一步发展，必将成为青年律师培养与成长的有力保障。

第二，专项经费保障。盈科设立了 500 万元的青年发展基金，并每年给予盈科青年律师工作委员会 10 万元的工作经费，以切实保障青年律师的成长；在各分所设立专项补贴制度，执业初期的律师每年可享受一定比例的律所补贴。

第三，工会扶持。盈科的工会在任务上，突出了维护职能，强调了维护、建设、参与、教育四项职能的统一，代表律师和员工的利益，依法维护律师和员工的合法权益，给了青年律师强有力的组织保障。

三、盈科对青年律师的教育培训内容

青年律师必须树立正确的价值观、职业观和道德观，身正而后行，先立人而后成事，方能行稳致远。

（一）树立正确的价值观、职业观和道德观念

盈科坚持把"政治引领、党建先行"放在律所建设的首位。各分所在律所成立的同时就组建了党支部，在组织结构上实现了全覆盖，同时进一步加强对青年律师的政治培养。在传统律所的业态形式中，律师习惯于单打独斗或小团队作战，这种特点使得律所和律师的关系并非像企业和员工之间那样紧密。这些因素极易使青年律师在执业之初就对未来感到茫然、没有归属感。尤其对于在全国有7000 多名律师，其中一半以上都是青年律师的盈科来说，如何实现有效管理，增加青年律师的归属感和凝聚力、获得感和幸福感，并使全体成员齐心协力、团结一致共同为盈科发展助力，是很重要的

问题，而举办各类党建活动可以使这些问题得到有效化解。各地律协审议修订了《律师协会章程》，增加了党的领导的内容，增加了对党员律师的约束，为毫不动摇地坚持党对律师工作的全面领导、充分发挥广大律师在全面依法治国中的重要作用、不断开创新时代首都律师工作的新局面奠定了坚实的思想和制度基础。

盈科坚持执业纪律培训，重视社会责任，强化执业理念。法律赋予律师维护社会公共利益和国家利益的特殊社会责任，若违反律师执业规范和漠视社会责任，会危害整个律师事业，律师事务所有责任对律师执业进行强有力的管理。为了规范律师执业，加强自律，维护律所整体形象，引导律师遵守律师执业规范、重视其社会责任，盈科律师事务所坚持执业纪律培训，尤其对刚刚执业的年轻律师，不断强化执业理念和具体要求。北京市盈科律师事务所设立业务指导委员会、执业纪律委员会、风险控制委员会、教育培训委员会等专门工作委员会，定期举办"盈科律师成长与执业经验分享系列沙龙""律师执业纪律与职业道德系列培训""律师形象塑造及律师礼仪系列培训""法律思维和律师思维培训""读书分享会系列活动""盈君汇律师交流沙龙"等活动。

（二）促进青年律师融入律所文化，增强凝聚力

为了更好地满足青年律师对律师事务所教育培训的需求，本着"侧重青年律师、注重实操性、培训内容和形式多样化原则"，盈科定期对青年律师开展问卷调查，有针对性地制定培训计划。

各分所教育培训委员会坚持进行"律师入职培训"，帮助律师快速熟悉律所设置、感受律所文化，入职培训课程设置了盈科渊源、愿景、理念、四化方针、优势、荣誉、架构、专业化建设体系、职能部门分工、执业规划指导等模块，全方位介绍律所环境，促进盈科一体化、标准化的发展；每周举办下午茶活动，定期举办联合拓展、所内所外交流，在轻松愉快的氛围中畅聊专业与理想，促进青

年律师融入团队，加强凝聚力。

盈科聚焦青年律师的发展机遇、专业养成、社会责任，携手政府机构、行业协会、法律媒体，成功举办了 2018 年和 2019 年两届"新时代青年律师发展论坛"，通过主旨演讲和专题分论坛，为青年律师把握发展方向。

（三）加强青年律师实操技能培训，提升专业能力

进行《法律文书标准化》《商务礼仪及接待技巧》等不分专业的基础性培训，加强律师综合素质的培养；依托全国专业化建设经纬网状布局，全国各专业委员会、中心进行组织，各分所专业部门承办，开展法律专业培训，全年以论坛、培训、交流、案件论证等形式进行了活动 2000 余场；依托法律科技，助力律师成长，盈科自有办公系统云 OA 与威科先行法律数据库、企查查工商数据库进行了 API 对接，为了帮助律师熟练掌握法律科技软件的使用，邀请威科专业讲师在全国巡回进行"如何更好利用法律数据库提升工作效率"的培训交流，邀请奥多比工程师为律师培训办公软件实用技巧；为实现盈科全国知识共享、提升培训便捷性，盈科云 OA 升级融合在线视频会议系统，各分所搭设硬件设备，实现了各类培训在全国分所同步直播。

（四）丰富多彩的文化体育活动，促进青年律师健康可持续发展

盈科艺术团、盈科体育中心自 2015 年 4 月成立以来，开展了丰富多彩的活动，律师们或是在比赛中享受职业运动员般的快乐，或是引吭高歌、长袖善舞。这些文化体育活动，让更多的青年律师有机会充分展现其精彩的一面，加深了与同事之间的友谊，有效促进了青年律师健康可持续发展。

盈科体育中心致力于开展盈科全国日常体育活动，各项体育赛事的举办，提高盈科律师的身体素质，举办了全国篮球冠军赛、羽毛球赛、足球赛、乒乓球赛、马拉松赛等，凝聚盈科青年律师积极

向上的力量。

盈科艺术团致力于盈科体系内律师艺术素养的培养与提升、艺术活动的开展、文艺汇演的举办，举办了盈科好声音群英大奖赛、区域律所文艺调演等，丰富了盈科青年律师的精神生活，提高了盈科人的幸福指数，提升了盈科律师的文化品质和综合软实力。

四、发展与提升

扶持青年律师成长发展关系全面依法治国的进程，也关系律师事业的健康可持续发展。近年来，我国青年律师数量快速增长，但青年律师培养和发展工作还存在着关心重视不够、教育培训不足、激励保障不到位等问题，青年律师的政治素质、业务能力还有待提高，其生存和发展还面临不少困难，缺乏有效保障。盈科将继续坚持已有青年律师培养的有效途径，并着重在以下几个方面做出进一步的提升：

第一，进一步深入学习《关于扶持青年律师发展的指导意见》，落实各项内容。青年一代有理想、有担当，国家就有前途、有希望。青年律师，承担着传承中国律师事业、繁荣中国律师事业的历史使命和重大责任。青年律师是中国律师事业的未来，青年律师是中国律师事业的希望。中华全国律师协会发布的《关于进一步加强青年律师培养工作的指导意见》明确提出："青年律师是律师队伍的未来。培养一支政治坚定、法律精通、维护正义、恪守诚信的青年律师队伍，关系到我国律师事业的健康发展和持续发展，也关系到我国民主法治建设的进程。"

第二，加大对青年律师的优惠扶持力度，推行共享工位及最低工资保障制度，加大教育培训经费的投入，系统开发青年律师培养教育体系的建设，建立全方位发展的培训课程，不断改进培训方式，提升青年律师参与培训的自觉性和主动性。

第三，推行青年律师培养工作的普遍征集及量化考核。利用信息平台广泛征集青年律师的意见和建议，青年律师执业的量化考核，将实习期之后的培养与考核相结合，真正培养能够独立思考、独立办案的执业律师。

习近平总书记说，每一代青年，都有自己的机遇和机遇，都要在自己所处的时代条件下，谋划人生、创造历史。盈科将继续积极为青年律师搭建更多交流合作平台，组织引导青年律师服务社会；加大对青年律师工作委员会的经费、平台支撑，将青年律师工作委员会工作中有成效的活动进行全国推广；培养青年律师精湛的专业技能和良好的职业品质，树立青年律师蓬勃向上、积极正面的良好社会形象，为青年律师提供更多、更好的服务，创造环境让青年律师更好地成长。

问渠那得清如许？为有源头活水来

——律所在青年律师成长培训方面如何作为

北京家理律师事务所 ◇

律师是一个需要终身学习的职业，尤其对于执业经验较少的青年律师来说，培训对于其成长发展的重要性不言而喻。对于任何一家律师事务所来说，律师的业务能力都是核心竞争力，因此律所应该着力去培训青年律师，帮助青年律师快速成长和发展。

但是在当前的律师行业背景下，青年律师与律所的联结并不紧密，律所缺乏足够的动力去培训青年律师，导致青年律师成长缓慢。律师行业现状并不说明存在即是合理，人才培养在任何行业都至关重要。青年律师是律师行业的未来，也是律师事务所最重要的人才储备。因此，律师事务所应该将青年律师的成长和培训摆在核心位置，给予充分的重视。

从整个行业来看，青年律师的成长培训在律所得不到重视，根源在于律所的管理模式。青年律师的价值在于未来，而传统律所管理模式只关注律师当下的创收能力，没有意愿和动力去培养未来可期的青年律师。而在公司制律所管理模式下，管理层不仅要关注律所当下的创收能力，还要关注律所未来的发展潜力，因此有培养青年律师的强烈意愿和动力。

家理律师事务所（家理律所）自创立以来始终坚持公司化的管理模式，并积极探索适合青年律师成长和发展的培训模式。结合家理律所成立初心和未来愿景，我们通过坚持公司化律所管理模式、坚持在专业化道路上深耕、完善培养考核晋升机制和建立石墨式培训体系，实现了律所知识自由流动、青年律师快速成长的良性局面。现将家理律所的培训经验分享给大家，以期作抛砖引玉之用。

一、坚持公司制律所管理模式，建立人人乐于分享的制度环境

在传统的律所管理模式下，同律所律师间的联系松散，甚至存在竞争，因此律所内部很难形成良性的知识分享局面。为了改善这一局面，家理律所坚持公司制律所管理模式，借鉴现代企业管理理念，结合律师行业的实际情况，通过创新管理形式、完善律所组织架构，建立了人人乐于分享的制度环境。

（一）创新管理形式，营造合作分享的氛围

近年来，随着律师行业内部对传统律所管理模式的深刻反思，一些律所开始借鉴现代企业管理理念，推行公司制管理模式。但是律师行业竞争激烈，公司制管理模式改革任重道远，很多律所等不到管理改革红利到来的那一天，就又回到了传统管理模式的老路。

为此，家理律所采用了全新的管理形式，四位创始人分别负责品牌营销、咨询接待、谈案办案和技术产品。在这种创新的管理形式下，管理者要最大化地发挥自己的价值，都需要与其他管理者进行充分合作，管理者必须心往一处想、劲往一处使，才能让律所快速发展壮大。基于这样的上层设计，家理律所从其成立之日起就带有"合作"和"分享"的基因，为律所合作分享机制的建立营造了良好的文化氛围。

（二）完善律所组织架构，建立知识分享的制度环境

2018 年以来，家理律所借鉴"小前台+大中台"的组织架构设计理念，以法律业务部为小前台，以市场运营部、咨询接待部、产品技术部为中台，完善了律所的组织架构模式。法律业务部作为"前台"，是最贴近客户的部门，其从业人士的业务能力必须过硬，需要专注于对具体案件的处理，持续精进业务能力，在展业过程中不断"开疆拓土"；"中台"是为"前台"业务开展提供技术、数

据、运营等资源和能力支持的平台体系，为前台业务提供强有力的支撑。

家理律所组织架构图

在这样的组织架构模式下，实习律师、青年律师是法律业务部的后备军。法律业务部作为律所的前方突击部门，要充分发挥其整体优势，无论是律所还是法律业务部本身，都必须督促青年律师和实习律师快速成长，以应对日益增长的案件量，提升办案质量和客户体验。换言之，这样的组织架构激励资深律师主动向青年律师、实习律师传道授业解惑，同时鼓励同级别律师、实习律师参加互助培训会，产品技术部、市场运营部等中台则为青年律师们提供客户画像、法官画像、经典案例解读、婚姻家事法律服务大数据报告等资源和能力支持，其目的均是帮助青年律师更快地成长，进而为律所发展提供源源不断的生命力。

二、坚持在专业化道路上深耕，形成完整的专业知识技能体系

执业领域专业化已经成了律师行业的共识。对于青年律师成长培训来说，专业化律所可以提供更系统的执业技能训练。从行业现

状来看，大多数律师的成长与发展依靠自学，市场上的培训项目不仅价格高昂，而且往往只针对某项执业技能或某个疑难法律问题进行解读，很难帮助青年律师形成完整的专业知识技能体系。

家理律所始终专注于婚姻家事法律业务服务，执业领域包括婚恋咨询业务、婚姻家事非诉业务、传统的婚姻家事诉讼业务、家族财富传承规划业务等。截至 2018 年底，家理律所接待当事人 5 万余次，办理婚姻家事案件 1000 多起，开庭数千次，大量专业案件的实操训练，不仅可以让青年律师快速掌握该类案件的办案技能，也为家理律所积累了丰富的专业知识技能，家理律所集全所之力将之整理成册，形成了完整丰富的专业知识体系，是培训青年律师执业技能的重要材料。目前，家理律所已整理了 100 万余字的文字培训材料、100 余小时的视频培训材料和 500 余分钟的音频培训材料。

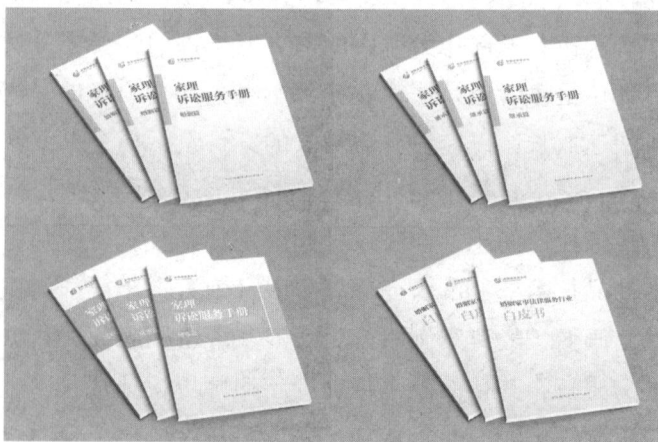

家理律所培训材料（部分）

除了对现有业务知识体系的梳理，家理律所依托产品技术团队和案件大数据平台，深入挖掘婚姻家事类客户的多层次需求，灵活运用咨询、谈判、诉讼等多种方式来满足客户需求，并逐步完善以婚恋矛盾预防、婚姻危机化解、离婚纠纷解决、财富传承规划为核心的婚姻家事全流程服务体系。在法律服务方式的拓展过程中，家理律所将继续及时总结新兴业务的实践经验，将之归集成册，作为青年律师知识培训和更新的重要素材。

三、完善培养—考核—晋升机制，激励青年律师快速成长

在公司制管理模式下，律师是整个组织结构中的核心成员，青年律师是整个律所未来的生命力，因此律所非常有意愿去培养青年律师。但是培养成长的主体是青年律师，若律所"剃头挑子一头热"显然很难达到预期效果。那么，律所该如何更好地激发青年律师的成长动力，避免让青年律师成为办案机器，让他们在律所学得好、留得住，为律所的发展壮大提供源源不断的生命力呢？

在青年律师成长培训激励方面，目前律师行业有过很多讨论，但是实践样本很少。家理律所一直也是摸着石头过河，立足本律所的实际情况，并根据实习律师和执业三年以下的青年律师的不同需求，逐步建立、完善了培养—考核—晋升机制。

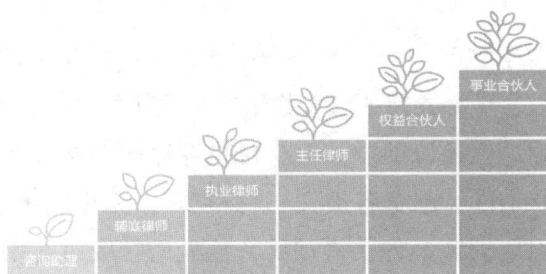

家理律所人才晋升机制

对于实习律师来说，家理律所更关注培养和考核这两个阶段。家理的实习律师实行考核准入制，实习新人经过三个月的系统培训后，需经过包括形象管理能力、业务知识能力、语言表达能力、应

急应变能力、综合运用能力和自我驱动能力六大能力考核才能正式成为实习律师。实习律师的执业能力是一张白纸，家理律所运用石墨式培训体系，以自学、师徒带动、实操训练、部门互助、集体分享等方式系统、全面地培训实习律师的各项能力。

六大能力模型

就拿家理律所 2019 年初取得律师执业证的任正良律师来说，他是第一批通过家理培养模式成长起来的执业律师之一。在实习期间，除了指导律师，他还协助过其他 9 位执业律师办案，参与办理婚姻家事案件 100 余件、起草各类文书材料 20 余万字、出庭 120 余次。除了专业知识培训和案件实操训练，他先后接受过文书书写、沟通能力、镜前表达等专项能力的培训。拿到执业证后的第二个月，他就独自谈下了第一个客户，并在三天内立案、调解结案，顺利为客户解除婚姻关系，并因此获赠锦旗。执业的第五个月，经过律所镜前表达能力培训考核合格后，任正良律师开始在北京电视台《第三调解室》担任主讲嘉宾。

任正良律师获赠锦旗

对于青年律师来说，家理律所的准入标准非常高，顺利入职后更关注培养、晋升这两个阶段。青年律师有一定执业能力的积累，因此对于自我成长和职业发展有更高的需求。除了对执业知识技能的培训，家理律所积极为青年律师提供丰富的自我展示平台，例如推荐优秀青年律师前往北京新闻广播《警法在线》栏目、北京电视台《第三调解室》担任主讲嘉宾，以帮助其提高社会影响力。为了让青年律师学得好、留得住，家理律所完善了七级职位晋升机制，每位实习律师、青年律师均可通过自己的努力不断闯关升级，直至成为家理律所的合伙人。在家理律所成立三周年之际，家理律所迎来了第一批权益合伙人晋升。

家理律所第一批权益合伙人晋升仪式

四、建立石墨式培训体系，实现律所专业知识的传承与更新

一个有竞争力的律所，应该像生命体一样可以实现机体内部的营养输送和机体外部的营养供给。对于律所来说，专业知识的传承如同机体内部的营养输送，专业知识的更新如同机体外部的营养供给。家理律所通过坚持公司制管理模式、专注执业领域专业化发展道路、完善人才培养考核晋升机制，为律所组织的营养供给、输送提供了制度保障，而一个符合律所实际的培训体系则为营养的供给、输送提供了切实可行的路径。在三年多的实践发展过程中，家理律所逐步建立了石墨式培训体系，通过这一体系实现律所专业知识的传承与更新，帮助青年律师快速成长。

（一）石墨式培训体系简介

石墨式培训体系的得名，源于家理的培训体系如同石墨结构，主要包括"师徒带动"培训制度、"部门互助"培训制度、"集体分享"培训制度三大制度体系。

石墨是碳元素的同素异形体，每个石墨原子不仅与同层的其他原子连接在一起，还会与上下层的原子建立连接，而每个石墨原子均可对外导电。家理律所的培训体系，既有不同层级律师间的"师徒带动"培训制度，又有同层级律师间的部门互助培训制度，而每个律师均是对外连接的主体，他们可以向外汲取知识营养并通过"集体分享"培训制度来反哺整个律所。

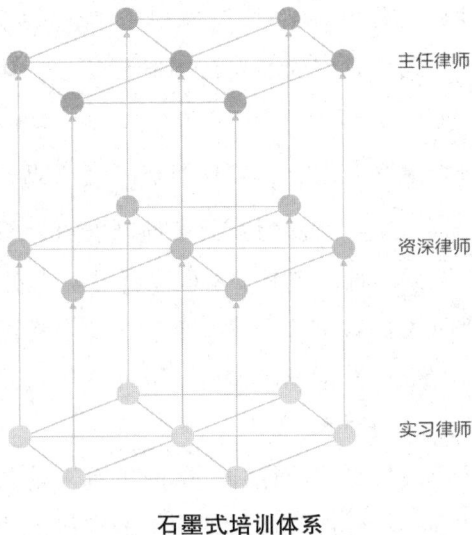

石墨式培训体系

（二）创新传统师徒制，让师父带动徒弟成长

在石墨式培训体系下，实习律师和青年律师的成长依然离不开师徒带动制。但这个师徒带动制不同于传统模式，在传统师徒制下，双方关系并不对等，行业内部经常爆出师父苛待徒弟的事件。如果说工资待遇偏低尚可忍受，那么"教会徒弟，饿死师父"的行业老话更是将师徒关系视为博弈的竞争关系，因此鲜有师父愿意将毕生所学毫无保留地传授给徒弟这个未来的竞争对手。

在石墨式培训体系下，师父和徒弟间首先是平等的同事关系，然后才是师徒关系。师徒同属于家理律所法律业务部门，他们不需要竞争案源，他们更需要合作，以便共同应对日益增加的复杂案件。因此，家理律所的师徒关系不存在"事师如事父"的等级划分，更像是"三人行必有我师"的互助合作关系。当然，律师重在实践经验和办案技能的积累，实习律师和青年律师在执业过程中离不开资深律师手把手地传道授业解惑。在家理律所，实习律师、青年律师可与资深律师经过双向选择自愿结成师徒关系，除此之外还可以自由与其他资深律师合作办理案件。在新型的师徒关系中，徒弟越能干，师父越轻松，因此师父愿意对徒弟倾囊相授，让徒弟快速成长为得力助手。

（三）部门内建立互助会，让同层级人员自助成长

在石墨式培训体系下，部门互助培训制度可以帮助同层级律师自助成长。部门互助培训制度源于家理律所早期建立的每周复盘会，目前咨询接待部下设的咨询部和谈案部、法律业务部下设的办案部和辅庭部均在实行部门互助培训制度，下面详细讲述法律业务部下设两个部门的互助培训制度。

辅庭部的组成人员是实习律师，部门负责人是在辅庭部历练成长起来的执业律师。辅庭部互助培训制度的组织形式包括每周一次集体培训会和新人培训考核。集体培训会的主要内容为部门成员交流、分享本周在专业知识、办案技能方面的收获，也会互助解答成员在办案过程中遇到的专业或者技能困惑，对于部门成员无法解答的困惑，成员可以单独向自己的师父请教，部门负责人也会将这些困惑提交给办案部，由办案部讨论解决方案；辅庭部的新人培训在本部门完成，以自学、老带新、部门互助三种方式进行；新人考核由本部门与办案部共同完成，培训和考核的依据是六大能力模型，新人经考核合格后可正式申请成为实习律师。

办案部的部门互助培训制度衍变为每周组织一次培训会，时长为 2 小时，培训内容分为两个部分：第一部分是疑难案例分享，每次指定一位资深律师分享一个疑难案件，以自办为主，分享者会详细讲解案件的争议点、办案过程以及法院的裁判思路；第二部分是自由讨论时间，执业律师可将自己在办理案件时遇到的一些疑难问题抛出来，其他律师可从理论上提供解决思路，或者提供自己亲办类似案件的实践经验，最后讨论形成该类疑难问题应对方案的书面材料。

（四）律所建立集体分享制度，实现内外知识整合更新

一个有竞争力的律所，不仅要在内部做好知识循环，还要主动从外部汲取知识的营养，以帮助律所实现知识的吐故纳新。因此，家理律所不仅重视知识的内部传送，还会支持律师参与外部培训学习，除了积极动员实习律师、青年律师参加律师协会组织的各类培训讲座，家理律所还每年为每人安排有培训预算，员工可以自主选购市场上的课程进行学习，同时家理律所每年会选送优秀律师去icourt、律师学院等律师培训机构参加专项培训。

独乐乐不如众乐乐，一人知不如人人知。为了鼓励律师自我驱动学习提升，实现律所内外知识的整合更新，家理律所早在2017年初就建立了集体分享制度，集体分享会每周举行一次，律所全体成员均可参加，主讲人可以毛遂自荐，但每人每年至少需要主讲分享一次。目前，家理的集体分享会已经进行了100余期，每期均有视频和文字记录，由法律业务部进行保存管理。

五、总结

2019年是我国恢复律师制度的第40个年头，虽然中国律师业随着经济持续发展而获得空前的发展机遇，但是青年律师成长缓慢依然是行业难题。但是深入研究律师行业现状后不难发现，青年律师成长缓慢的背后有着更深层次的原因。

青年律师是律师行业的未来，也代表着律师事务所的未来。在青年律师的培训方面，律师事务所既是责任人，也是获益人。因此，家理律所通过坚持公司化律所管理模式、坚持在专业化道路上深耕、完善培养考核晋升机制，为青年律师的成长培训扫清制度障碍，同时建立石墨式培训体系，引入源头活水，让知识在律所内外部自由流动，让律所成为一汪永远清澈的泉水。

专业承载　薪火相传

——从京润所征地拆迁业务看律师业务专业化发展培训

北京京润律师事务所主任　张志同 ◇

当有的律师事务所忙着将自身打造成综合性超级大所时，许多专业性中小型律师事务所已凭自身颇具特色的专业化法律服务在特定领域做得风生水起，成为法律服务市场上的黑马。律师事务所无论是大而全，还是小而专，都必须把所从事的业务做到极致。律师也是如此，由于个人能力和精力条件的限制，律师不可能成为法律领域的全才、通才，但可以把自己培养成专才，成为某业务领域的法律专家。

法律服务在不断向纵深发展，市场划分也越发精细，客户不再满足于粗犷的法律服务，他们在追求案件令人满意的结果的同时，还希望通过精致、专业的法律服务，获得更好的体验感。专业律师通常考虑问题全面而周到，分析案情精准而有效，能够让人放心托付，因此成为客户的首选。

专业问题找专业人，专业人做专业事。不难想象，业余选手与专业律师对决，结果必然是后者完胜。用自己的业余认知去挑战别人的专业能力多半会失败。所以，律师业务专业化势在必行，而且可行。

北京京润律师事务所（以下简称京润所）的发展路径就是一个很好的例证。京润所凭借征地拆迁业务，在竞争激烈的法律服务市场上占据了一席之地。京润所抓住征地拆迁契机，以行政诉讼为核心，打造以征地拆迁法律服务为主营业务的专业化律师事务所。不仅合伙人十几年来一直专注于征地拆迁业务，律师们也致力于该项业务。如今京润所在该业务领域小有成就，成了客户值得信赖的品牌。借此机会，把京润所律师专业化发展培训工作的做法和大家一起分享，供大家参考。

一、以业务专业化为导向

如前所述，律师业务专业化是法律服务市场趋于成熟后的内在需求。律师既然不能包办所有类型的业务，那就顺势而为，从全能型转向专业（家）型，所以，入行的头等大事当属锁定专业发展方向。方向决定未来，律师根据自己所学法律专业知识、兴趣、能力以及市场需求，明确自身的发展目标，选择适合自己的业务领域，把自己培养成某个业务领域的专业律师，乃至专家型律师。

律师事务所和律师要不断强化专业特色，通过专业化的法律服务，提升服务品质和效果，形成专业品牌，实现品牌价值。有了品牌，客户自然会慕名而来。届时，无须担心业务类型单一而无事可做，相反，还能借助品牌溢价弥补因专业化而舍弃非关联业务所减少的收入。

由于京润所业务定位非常明确——主攻征地拆迁和行政诉讼业务，所以，在选聘律师时，一定会询问他们对这类业务的看法和兴趣，是否真的愿意将这项业务作为自己业务的发展方向。只有具备相应从业意愿的律师才会被录用，从而确保其入职后能够快速融入专业律师团队，成为律师事务所期望的专业律师。

二、用体量化业务做基础

"法律的生命不在于逻辑，而在于经验。"此即言法律工作是典型的实践性工作，实践经验在工作中至关重要。律师作为法律从业者，业务能力来自不断积淀的实务经验。律师若想快速获取专业知识和经验，就得有大量同类案件供其持续参与代理，形成反复实践和锻炼。所以，体量化业务是实现律师业务专业化的基础条件。否则，就成了学院式教学，专业化能力培养如同纸上谈兵。

其中，需要注意的是，这里所讲的体量化业务，是指律师参与办理案件数应该达到一定量级，而且这些量化级别的案件要性质相同、类型相同或相似，两者缺一不可。只有经历真正意义上的体量化业务办理实践，才能形成系统化训练，才便于律师通过比对个案，从中发现规律，形成专业经验。

京润所之所以能在征收拆迁和行政诉讼领域成就专业化，得益于大量征地拆迁业务的支撑，其中涵盖了房屋征收决定、征收补偿决定、用地规划许可、工程规划许可、违法建设查处以及行政强制执行等诸多行政案件。每年律师人均参与办理的案件数量约 60 件，部分律师一年的开庭量更是达上百次。为了办好案件，律师们必须深入了解案情，研究相关法律法规规章、案例等。律师们如此反复锻炼两三年，基本就能从辅助律师成长为主办律师，不仅自己能够独立办案，有的还能指导辅助律师工作。

三、从执业行为规范化入手

法律服务工作要求极为严谨，容不下半点差错，但法律服务工作又相对抽象，客户很难看到律师的办案过程，其实他们通常也不关心过程，只关心案件结果的好坏或输赢，并据此来评价律师的服务水平和价值。可是法律服务实质是个零和博弈，各方总会有输有赢，一方所赢正是另一方所输，所以，总有一方律师要承受败诉的结果，但不能因此就否定败诉方律师的工作价值。此时，不妨借助法律文书等可视化形式，把工作内容固化下来，以此展现律师办案过程中阶段性的专业价值。

要想展现专业律师的专业水准和价值，就必须按行业最高标准严格要求自己，而良好的执业行为规范是迈向专业化的必经之路，是实现专业化的必要保障。律师业务专业化的外在表现形式之一是执业行为规范化，即通过律师出具的法律文书及其言行的规范程度来彰显其专业水平。律师执业规范性言行不是与生俱来的，需要经过不间断训练才能养成。在京润所，接受从业规范培训是律师入职后的第一课。

律师事务所每年都有新律师入职，而新人入职时间有早有晚，这使得律师事务所对律师的专业化培训工作既无法一劳永逸，也难以批量化完成。这就成了专业化培训工作中的难点和痛点。尽管受训者不断在变，可培训内容相对不变，对授课者而言，有些工作属于重复劳动，且有的内容无须讲解，新律师也能看懂。为了提高培训效率、节约时间成本和劳动力成本，京润所就行为规范、业务承办和文书模板等创建了整套电子版手册，供新律师学习和使用。培训手册大致分为以下三类：

（一）行为规范指引

行为规范是对律师工作中言行举止的规范要求，参照商务礼仪标准执行即可，如接待客户须着正装、开庭要穿律师袍、赴约应提前5分钟到达、卷宗装订标准等。

指导律师学会根据任务的紧迫性和重要性，把手头工作分为紧急而重要的事情、重要但不紧急的事情、紧急但不重要的事情、不紧急也不重要的事情，按照四象限工作法合理安排手头工作，做到有条不紊。

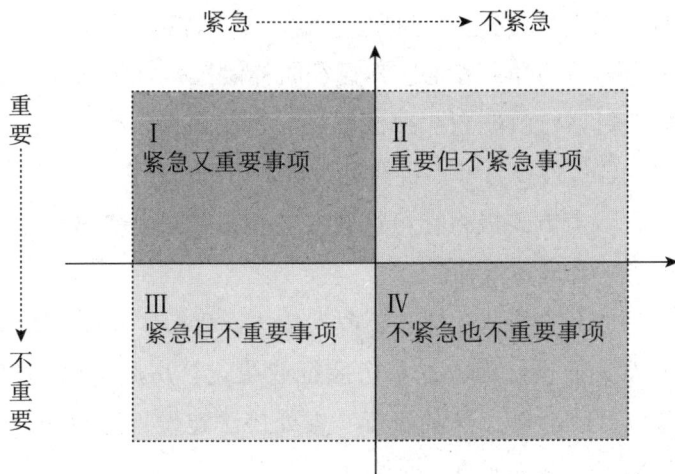

（二）业务指引手册

由于专业律师所承办的案件性质相同或相近、内容相似、彼此相通，故而可以把同类案件的办案流程、常见争议焦点问题、应变之策、相关规定以及注意事项等内容汇编成文。律师办案时可以参照实施。大体分为：

1. 表格类

表格化文书的优势在于内容简单明了，既便于律师记录，又不用担心遗漏问题。如咨询表，把某类案件需要了解的事实绘制成咨询表格，律师接待客户咨询时，按列表内容提问，用打钩或简单文字记录的方式快速填写，显得专业有序，不但大大提高了工作效率，还可以在反复使用咨询表的过程迅速掌握该类案件的承办要领。

2. 手册类

此类手册重在解决业务办理流程和规范要求，告诉律师接手案件后做什么、怎么做和做到什么标准。可在对案件承办思路进行整体规划的基础上，实现模块化、规范化和流程化操作，如国有土地上房屋征收补偿纠纷是征地拆迁中常见案件，京润所在编写此项业务指引时，主要明确了如下问题：

（1）征收双方争议核心：房屋征收补偿行为的合法性和合理性。合法性审查包括行政职权、执法程序、执法依据、补偿范围等是否符合规定。合理性要看补偿价格是否符合市场价原则。

（2）征收双方终极目标：征收人想用最低成本完成搬迁，被征收人希望得到合理安置补偿。

（3）征收各方行为边界：征收人依法行政，被征收人依法维权。

（4）常见征收行为方式：房屋征收决定、房屋征收补偿决定、行政复议、行政诉讼、强制执行、查处违法建设、协商谈判等，其中协商谈判工作贯穿征收工作始终。

（5）常用规定：《国有土地上房屋征收与补偿条例》（2011年国务院令第590号）、最高人民法院《关于办理申请人民法院强制执行国有土地上房屋征收补偿决定案件若干问题的规定》（法释〔2012〕4号）《国有土地上房屋征收评估办法》（建房〔2011〕77号），《中华人民共和国行政诉讼法》及其司法解释、《中华人民共和国行政强制法》以及地方性规定等，具体查阅京润所法规库。

（6）行为与目的之间关系：任何工作都是为了实现自身目的而开展的，一切工作内容都是为终极目标服务。例如，被征收人通过行政复议或行政诉讼对征收行为合法性进行审查，期望实现合理补偿，以"打"促谈。

3. 建立文库

（1）法规库。把办案中用到的法律法规规章乃至地方政策分门别类，按位阶高低排列，汇总到律师事务所设立的某类专门业务法规库中，便于律师查找、学习和应用。

（2）案例库。结合专业业务需求，把本所承办的案件裁判文书、各地法院发布的指导案例，按案件性质或地域范围标准等进行分类并汇总。虽然我国不是判例法国家，但相关案例还是具有借鉴意义和指导意义，有助于拓展办案思路，提前采取防范措施，规避风险。

（三）法律文书模板

律师事务所根据业务专业要求，把相关法律文书制作成模板，做到内容齐备、架构合理、形式规范统一，让律师拿来就能用，一看就会写。通过套用法律文书模板有效解决法律文书撰写不规范的问题，实现法律文书表述规范化、形式标准化。

可以说，京润所律师专业化的培养始于对律师执业行为的规范化培训。通过定期考核和随时抽检案卷的形式，确保律师能够把规范要求落实到工作中，把文字规定转化成执业行为习惯。

四、开展多形式、全方位培训

律师业务专业化不是简单地培养律师单一的业务技能，而是培养其在相应法律服务领域全方位的业务能力。真正成熟的专业律师对案件要有预判力、掌控力，即根据各方提供的证据材料，结合专业经验能够预判案件可能出现的结果；办案思路清晰，通过对工作的布局和调整，掌控案件走势。这些能力的形成不会一蹴而就，需要持续不断地反复练习和实践。

为此，京润所采用师徒制模式，安排征地拆迁领域的资深专业律师担任指导老师，为新律师传授阅卷、文书撰写、口语表达、办案思路等技能，进行"传、帮、带"。另外，还采取每周固定学习和不定期专案研讨等形式，安排专人负责组织开展相应业务交流培训活动。针对不同的能力培养需求，实行不同的能力培训方式。

（一）表达能力

律师天生要和语言文字打交道，法庭内外都离不开说和写。无论是与客户沟通，还是陈述案情，抑或法庭辩论，都要通过语言文字来实现。既要言简意赅，又要严谨周延。所以说写能力是律师的基本功。为了夯实基础，鼓励律师多说勤写。

"说"指"说案"，如全案复述、模拟法庭辩论、庭审陈述等，其中，全案复述要求在脱稿情况下，能够准确描述案情、质证意见或证明目的、辩论观点以及法律法规等相关依据，语言清晰、铿锵有力。

"写"体现为撰写阅卷笔录、代理意见、案例、专业文章以及法律文书，如诉状、合同文本、鉴定申请书等。前期可以先参照他人文书仿作，或套用模板写作。

指导律师及时对被指导律师的说、写工作提出意见，必要时，直接对文书进行修改，在来回往复中不断提高业务能力。

（二）法律思维训练

律师的办案思路决定了诉讼策略，也影响着办案过程及材料收集，甚至案件结果。所谓思路决定出路，而律师的办案思路会受到思维模式和办案经验的影响。因为，公众的日常思维方式和法律人的职业思维方式存有实质性差异，比如，公众强调客观事实，法律人则关注法律事实。根据不同的认知标准，即便是评判同一件事，也会得出不一样的结论。所以，律师一定要养成法律人的思维模式，要把"以事实为依据、法律为准绳"原则深植内心。

另外，办案经验在潜意识中指引律师开展工作，律师也会根据经验作出选择。这种经验要么来自别人，要么源于自己的实践积淀。

京润所在这方面经验是：一看、二办、三复。看，就是查阅以往同类案件卷宗或公开的案例，了解办案流程，揣摩分析各方思路，特别是主审法官的判案思路；办，要求律师不仅要做好辅助工作，更要深入参与其中，尤其是要出色完成庭审活动；复，是指复盘，完成某项重大法律事务或庭审结束时，第一时间把整个过程重新推演一遍，总结得失。

这一切都是为了培养律师对案件形成专业化的思维习惯，使承办律师学会化繁为简，善于通过梳理案件材料，厘清案件争议焦点，找到问题症结所在，想好应对之策，统筹规划好工作流程。

京润所在征地拆迁专业化道路上走过了六年，专业律师数量和业务收入都翻了两番。透过京润所的成长轨迹不难看出，律师业务专业化不但可行，而且还大有可为。

教育培训是律所文化认同和
传承的重要手段

北京京润律师事务所　郭　腾◇

企业文化作为经营管理领域一个颇具哲理的词汇，自诞生起就备受推崇。企业文化是企业在长期的生产经营过程中，经过全体员工总结、加工、提炼、整理而逐渐形成的企业员工共同遵守的行为规范准则。中外历史上一些知名企业、百年老店多数都有非常好的文化传承，这种传承也成为企业成长、发展、壮大的催化剂和助推器。律师事务所作为一种不同于企业的社会组织实体，要不要营造和传承具有律所特色的文化，答案是肯定的。特别是在众多律所都在谋求办成"百年老店"的当下。显而易见，这种律所文化不是与生俱来，也不能简单移植，需要精心培育和传承。其中，教育和培训的作用不可替代。

一、律所文化和文化认同

尽管律师事务所和生产企业不同，但与同属服务行业的企业在很多方面都已趋同，特别是一些大型律师事务所都已经实现了公司化运营，一些产业集团也开办了律师事务所。从这个角度讲，企业文化与律所文化没有天然的鸿沟，我们可以沿着企业文化的路径梳理律所文化的脉络。

（一）律所文化的要素

律所文化大体上可以分为三个层次：

第一，精神文化。精神文化是律所运营发展中形成的一种意识和观念，是一种意识形态的深层次文化，是由精神力量形成的文化优势，也包括由心理文化积淀的一种群体意识。

第二，制度文化。制度文化是律所运营发展中形成的一种文化特征和文化现象，是律所中人与物、人与运营制度的中介和结合，是一种约束员工行为的规范性文化。律所制度文化强调应建立一种广大员工能够自我管理、自我约束的制度机制，这种制度机制能够充分发挥广大员工特别是律师的工作积极性和自觉能动性。

第三，行为文化。行为文化是指在律所运营发展、教育宣传、人际关系、文娱体育活动中产生的文化形象，是由律所成员包括合伙人、律师和行政人员对外交往中体现出来的文化特质，是各具特色的律所文化的展示和外显。

（二）律所文化的维度

第一维：愿景，即大家共同的奋斗目标。与大热度企业文化中的"认同"非常匹配。愿景要扣人心弦、激发向往、掀动热情、鼓舞斗志、集聚力量，比如有的律所提出的愿景是进入世界律所十强，有的要做行业领军，有的要做法治进步的推动者等。一般来说，愿景需要具备六个特征，分别是宏伟、振奋、清晰、信任、可实现、担当社会责任。

第二维：使命，即责任感。律所只有将本身的责任使命分配到每个员工身上，要大家自觉、主动承担，才能最终达成美好的愿景。

第三维：价值观，包括三个层次，它是用以判断大是大非的根本原则；它是使员工坚持不懈、努力拼搏的信条；它是处理内外矛盾的一系列准则。比如有律所提出的价值观是"高效""坚持"和"成长"，解释起来就是要实现个人价值，必定要付出很多，在实现的过程中，个人的能力、工作方式都要有所提升，这就是高效的体现。此外，要实现个人价值，你就要跟别人不一样，要具备逆商，要迎难而上，特别需要坚持。所有的价值观最终都是为了收获或者是幸福感的体验，这都与成长密不可分。

每个律所的文化虽然出发点和表现形式不一样，但殊途同归。

目标、使命、价值观必然环环相扣，贯穿其中。

（三）律所文化的载体

律所文化的载体是律所文化的表象，大致可分为两大类：内部文化载体和外部文化载体。

内部文化载体主要是对员工进行文化宣传教育的各类文化的载体，既包括有形的图书刊物、宣传栏、宣传标语、网站、公众号，也包括无形的文体活动、晚会以及律所内部的业务分部和研究机构等。

外部文化载体则向外部公众进行律所形象与口碑宣传，如新闻发布、公益广告、公益活动、新闻报道、接待社会公众和学习考察参观等。

（四）律所文化认同

文化认同是员工主人翁意识建立的前提。律所文化一旦被认同，无论是主办律师还是实习律师抑或行政人员都会倾向于以所为家。大家不会机械地根据合伙人的指派去做事，更不会盯着合伙人的眼色、揣摩合伙人的心意去做事，而是听从自己内心的声音和指引。因此，他们已经被同样的价值观统一起来，将在无形中实现更高的工作效率。用著名管理学家韦尔奇的话说，文化认同能够开启人内心深处的力量和价值源泉。

二、律师事务所文化和文化认同的功能价值

律师事务所文化是必不可少的，使律所文化获得员工发自内心的认同对于律所的运营和发展具有很强的功能性价值。

（1）导向功能。律所文化以概括、凝练、富有哲理性的语言昭示着律所发展的目标和方向。应当通过日常的耳濡目染和身体力行，将律所文化慢慢潜移默化为律师自觉行动的一部分，成为其精神的

指导。在律所遇到困难或危机时，强大的文化力量可以促使律师把困难当成动力，把挑战当成机会。在一定意义上说，律所的竞争就是文化的竞争，或者说是品牌文化的竞争。

（2）教化功能。律所文化像一根无形的"纽带"维系着律所正常运转。除了制度约束外，软性约束就是文化的教化和约束。一旦律师的行为违背了律所文化的精神，就会自责或受到谴责。优秀的律所文化能够促使员工成长、成才。

（3）约束功能。这种约束产生于律所文化氛围、群体行为准则和道德规范等。群体意识、社会舆论、工作习惯等精神文化内容，会造成强大的使个体行为从众化的群体心理压力和动力，使律师产生心理共鸣，继而达到行为的自我控制。

（4）凝聚功能。这是指当一种价值观被律所成员认可后，就会成为一种黏合剂，从各个方面把大家聚合起来，从而产生一种巨大的向心力和凝聚力，产生奋发进取的集体意识，激发主动性和创造力，有效推动律所的发展。律所文化可以改善人与人之间的关系，使大家情感交融、亲密合作，对律所产生一种依恋，还可以促进形成新的共同价值观和行为准则，成为大家的自觉意识和自觉行为。

（5）激励功能。人是物质力量和精神力量的统一体，既有物质需求也有精神需求。我们依据激励对人的作用方式可以把激励分为物质激励和精神激励两种。文化的激励属于精神激励，能够激发大家的动机与潜力的作用。优秀的律所文化不仅能满足员工的精神需求、调动员工的精神力量，还能使其产生归属感、自豪感和成就感，从而充分发挥其巨大潜力。律所文化一旦被认同，其激励作用就会持久，也使律师在推动律所发展过程中实现个人价值。

三、利用教育培训促进文化认同的方略

培训是律所教育宣传落实落地的必要手段，通过培训可以贯彻

愿景、灌输使命、熏陶价值观，进而实现文化认同。律师事务所有大有小，大的数千人，分支机构遍布全国，甚至横跨大洲，小的几十人、十几人，甚至仅有几位律师。大的律所相当于大企业，搞律所文化可以拉开架势，有的律所就是这么做，比如设立文宣部门、设置文品专员、延聘专兼任教师、定期组织培训等。特别是随着律师行业党建的扎实推进，部分大型律所都成立了党委会或基层党委会，并借助律师学院和专委会共同组织所属律师的教育培训。而绝大多数的中小型所由于缺乏规模效应，在教育培训方面还有待提升。但不可否认也有不少律所因地制宜地开展了行之有效的教育培训，在推进律所新人的能力提升和文化认同方面都作了有益尝试，取得了可喜成绩。综合起来看，律所教育培训的方式方法主要有以下几种：

（1）创设情景。律所的工作性质和员工总体素质不同，这就决定了律师文化认同的促进不必也不宜采取灌输式方法。企业文化促进的部分方法可以借鉴，但不能模仿。比如徐州矿务集团在企业文化培训中总结了"学习十五法"：理念导学、外脑启学、环境诱学、舆论兴学、领导带学、辅导帮学、互动研学、故事悟学、进修强学、团队互学、检查促学、制度保学、政策奖学、群众评学、实践检学。体系虽好，但就律所来讲，最好的方法还是体验式培训。新人入职，办完必要的交接之后，律所应该有意识地引导员工熟悉律所的文化标示、感受文化氛围、领会文化内涵。比如北京京润律师事务所的标识是个古鼎，律所理念是"法为本、润以德"，鼎既从子产铸刑鼎那里继承了法的载体含义，又从礼之重器角度转化为德的化身，进而可以使律师对律所文化的内涵有比较深刻的把握。

（2）融入业务。律所的工作节奏比较快，常常是案子连案子、案子套案子，工作头绪繁杂，线程多样。而律所办案大都是老中青结合的团队化运作，高年级律师特别是合伙人律师在具体承办案件的过程中，除了教技巧方法之外，其体现出的缜密思维、开阔视野，特别是对当事人不负所托的信义、对价值观的坚守，都与律所文化紧密联系。所以说，好的律所文化是全方位的，促使新人时时以律所文化对照自己的行为，克己复礼、臻于至善。

（3）树好典型。除了合伙人之外，律所要特别注意在年轻律师中培养和树立优秀典型。这个典型不仅要创收能力强，更要为人亲善、可信可学。这就给员工树立一种形象化的行为标准和观念标志，其通过典型员工可形象具体地明白"何为工作积极""何为工作主动""何为敬业精神""何为办事高效"，并且要不失时机地让典型现身说法，让律所新人能够把抽象的律所文化与鲜活的真人真事两相对照，把很难量化描述的文化具象化，进而实现文化认同。

（4）创新团建。团队建设之所以可以看作教育培训的一个环节，是因为团队建设对于促进律所文化认同至关重要。良好的团队建设可以使新成员迅速融入，团队建设过程中的自由、舒适的氛围也有利于律所成员之间发现工作之外的共同爱好，发展工作关系之外的私人友谊，更有利于团队凝聚力的增强。此外，团队建设在某种程度上也是展示律所实力的重要途径，海外团建当然比郊区一日游更能促进员工对律所文化的认同。到其他律所参观学习也是一种很好的方式。所谓"他山之石，可以攻玉"，通过参观学习也向员工揭示了一个道理，自己律所文化内核中蕴含的职责要求是合理的，因为别人也是这么要求的，或者别人已经做到了这一点。

（5）讲活故事。一般说来，故事比口号更能流传久远。百年老号瑞蚨祥曾遇火灾，房舍、布匹连同所有账册都灰飞烟灭，老掌柜面对废墟宣布：别人欠的账一笔勾销，欠别人的债一厘不会赖！就是这份诚信让瑞蚨祥起死回生。海尔的张瑞敏因为海尔产品质量不过关曾经当众砸毁价值7000多元的冰箱，这就让海尔"做中国最好的冰箱"的企业文化享誉全国。任何一家律师事务所的创立和发展都凝结了合伙人很多心血，有些律所还经历了分分合合的历史，其中的创业史、发展史都可能包含若干或辛酸或悲壮的故事，哪怕是奇闻轶事也是律所文化维系和传承的无形纽带。

（6）重视仪式。俗话说，生活需要仪式感，其实教育也需要仪式感。仪式是对日常生活中某些重要事件的提炼和升华，通过将普通事件仪式化可以凸显其重要意义，影响或改变人们的观念和精神世界。比如，有的律所举行入职仪式，有的组织集体庆生仪式，有的举办周年庆典，更多的律所将年会活动仪式化，借机组织年度人物、最佳新人、突出贡献奖评选等，将律所文化最大限度地展现出来。

除此以外，合伙人的意识、行为和作风对律所文化的形成影响很大，在开会、讲话、待人接物等方面都体现着对律所文化的要求。然而人无完人，我们不能要求所有的合伙人或者合伙人在所有时间都做律所文化的代言人，但身体力行、言传身教毕竟是律所文化传承的重要渠道。

四、文化认同的缺憾及再入

如果有人问，律所的文化认同如此重要，是不是能解决所有问题？答案是否定的。文化认同的确能增强凝聚力，但不能包治百病，比如说律师离职。

律师事务所的高离职率始终是律所不愿意面对却必须面对的难题。这是由知识型人才的内在属性决定的。他们有智慧、爱自由，追求个体、崇尚创新，渴望实现个人价值最大化和精神层面的高满足。按照马斯洛的需要层次理论和赫茨伯格的双因素理论，个人的需要是从低到高逐步发展的，或者说在基本保障满足后就需要得到自我发展的激励。对于律师这类创新人才来说，低层次的需要很容易得到满足，但激励作用更大、持久性更强的是其自我发展、自我实现的高层次需要。当一个律所的文化无法包容某个律师的"野心"时，离职必然发生。

一方面，律师离职的确能够归因于文化认同的缺憾。比如，有些律所把年轻律师特别是实习律师仅仅当成律所员工，漠视教育培训，更不用说推动文化认同，有的律所的教育培训只关注制度层面的律所文化，新律师入职仅交代考勤、考核、薪酬管理等方面，或者一些总的原则和要求，而没有有意识地开展文化认同的工作。

另一方面，律师离职不能仅仅归咎于文化认同不足。如果律所的愿景与律师后来的职业发展规划不能统一，双方的"分手"是友好的，应该说这种离职是中性的，谁都不应被苛责。如果随着时代的进步、形势的发展，律所本身没有拥抱未来的气魄，这种情况下的离职，则略显悲凉。这就不是文化认同，而文化传承和创新的问题了。首先，要实现制度创新。其核心是个人利益的充分保障。律所要了解员工个人的愿望，听取员工对工作报酬的意见建议，建立合理的激励机制，努力使律所利益与个人利益紧密联系起来。其次，要创造良好的工作环境。其核心是调动员工的能动性，使员工能够施展才能，实现自身价值。最后，要畅通交流渠道。让律所同仁了解律所的运营情况和相关决策，倡导并落实从命令到参与的转型，提倡尊重人、理解人、关心人、信任人，实现律所文化的与时俱进，提高律所的凝聚力和律师的归属感。

明星大咖律师的修炼（节选）

北京市中盾律师事务所主任　张建锋 ◇

一、律师如何拥有多次元思维

（一）律师的职业思维

律师职业思维的十大特征：

第一，律师职业思维是一种"多元性"思维。归纳起来一句话：律师是吃"自助餐"的，可以根据需要和口味选择不同的"食品"。

第二，律师职业思维是一种"建设性思维"。归纳起来一句话：律师既要有"看准病"的能力，也要有"开药方"的魄力。

第三，律师职业思维是一种"理性思维"。理性思维有两点基本要求：一是排除非理性判断。归纳起来一句话：律师既要会讲客户"爱听"的话，又要会说客户"该听"的话。二是排除道德性评判。归纳起来一句话：不依道德性评判决策，但要占据道德高地。

第四，律师职业思维是一种"逻辑性思维"。这种思维强调理由优先于结论、归纳与推理的严谨。归纳起来一句话：逻辑是一种力量，尤其在律师无法取证或取证有危险时。

第五，律师职业思维是一种"全局性思维"。这种思维要求全局优于局部、制度优于个案、长远优于短期。归纳起来一句话：律师作为客户的"外脑"与"外嘴"，要努力有"站在高山之巅"的境界与魄力。

第六，律师职业思维是一种"均衡性思维"。中国人办事讲究"度"，追求和谐。这种"度"的把握，就是一种系统性均衡的思维。归纳起来一句话：律师要努力洞悉和均衡各方利益诉求，不可总想将便宜占尽。

第七，律师职业思维是一种"规则性思维"。所谓规则性思维是一种以权利义务为基点的思维，是一种合规性优于客观性的思维。归纳起来一句话：不要为"不该你做的事情"买单。

第八，律师职业思维是一种"程序性思维"。法律思维强调程序正当先于实体公正、形式合规优于实质合理，讲究讲理不讲情、对事不对人，讲究决策的程序化、执行的非人格化。归纳起来一句话：程序违法是最明显、最明确的违法，是律师的最佳切入点。

第九，律师职业思维是一种"创造性思维"。法律是公众间的合同，合同是私人间的法律。法律是利益分配与再分析的基本规则，是界定相对参与者权利义务的游戏规则。归纳起来一句话：法律规则是死的，法律运用是活的。

第十，律师职业思维是一种"诚信性思维"。归纳起来一句话：使法治成为律师的信仰，使诚信成为律师的本能。

（二）律师的管理型思维

管理型思维：管理人员主要从宏观上进行把握。

专业技术人员与管理人员的主要区别：

（1）专业技术人员坚持非黑即白的科学观念，是非分明；管理人员则认为在管理当中应该坚持一些原则，但没有绝对的正确或错误，认为应该具体问题具体分析。

（2）专业技术人员做事只对事不对人，无论是对同事还是领导，只要认为应当怎样就会怎样，不管对方的身份和感受；管理人员则是对事也对人，会对具体对象作出相应的反应。

（3）专业技术人员更多的是享受创造过程的乐趣，对于创造的价值却并不太重视，甚至不问收获，只是耕耘；而管理人员则更强调工作的价值和结果。

（4）专业技术人员在工作上是"算加法"，通常是完成一件事之后再去做另外一件事；而管理人员则是"算乘法"，所有关键要素都要齐头并进，哪怕其中任何一个要素没有配合完成，都被认为是失败的。

（5）专业技术人员思考问题较单一化、模式化，而管理人员则是发散思维，强调变通。

（6）专业技术人员更崇尚科学，而管理人员则更看重管理中的哲学和艺术。

（7）专业技术人员相对固执、刻板，而管理人员则更灵活，更富有弹性。

中国传统文化中的管理思想，其主要特征：

第一，把人作为管理的重心。"以人为本"的思想在中国管理思想中始终占主导地位，把人作为管理的重心，并认为管理的成败在于用人。

第二，把组织与分工作为管理的基础。强调组织与分工是管理的基础，建立层次分明的组织体系。

第三，突出了义与情在管理中的价值。倡导"见利思义""义然后取""晓之以理，动之以情""以德服人"等。

第四，赞赏用计谋实现管理目标。重视谋划，主张以谋取胜为上策，适应环境变化，善于权变，不拘泥于既定的清规戒律。

管理人员的体会，主要集中在以下几个方面：重视与人打交道，重视团队总体目标的实现，重视非职务影响力。

鉴于管理人员与技术人员文化认同和实践感悟的差异，比较他们的思维，呈现出不同的特点：

（1）管理型思维侧重整体，而技术型思维侧重局部。

（2）管理型思维具有诠释性，而技术型思维具有批判性。

（3）管理型思维多凭直觉顿悟，而技术性思维依靠逻辑理性。

（4）管理型思维是先总后分，而技术型思维是先分后总。

二、律师如何培养自己的商业思维

(一) 律师应具备什么样的商业思维

第一，律师要懂得包装自己。

所谓"成功吸引成功"，看看自己周围的朋友，就可以大致判断自己处在一个什么样的层次上。所以，从一个人的财富状况、生活习惯、消费习惯就可以判断他处在一个什么样的社会层次上，这样的人背后一定也有一大群与他情况差不多的潜在群体，能与这样的人成为朋友，并将其开发为自己的客户，那么他所带来的辐射效应是非常显著的。

律师业务"高大上"，也应当"高大上"地进行执业。律师是专业人员，而找律师寻求帮助的人如同病人找医生寻求帮助，因此律师应当具有专业自信，应当为客户提出解决其难题的途径和手段。从这个角度来说，提高自己的成交率是律师不可回避的途径。律师要提高自己的身价，不提供免费的法律咨询，要价就代表着自己的价值。

第二，律师要具有营销思维。

律师要形成自己的"语言钉"和"视觉锤"，要让人们通过某个词语或某句话就能联想到自己，要有意识地选择能够代表自己或者有利于宣传自己的语言反复向受众传达，让受众听到某句话就能想到自己。要相对固定自己的外在打扮，能够让别人通过自己的衣着打扮和外在形象与自己的社会角色相匹配。

第三，律师与商人没有本质的区别。

成功的律师一定是成功的商人，成功的商人一定是营销大咖。不会营销，无法将自己推销给别人，自己的市场就无法开拓，获得丰厚的收入也就成为水中月、镜中花。律师应当借用任何机会展示自己的存在，在任何场合都要让别人听到自己的声音，而不是以一种高冷的态度去面对他人。

第四，成交就是成就对方，享受成交相互成就。

与当事人谈成委托，是双方的互利共赢，律师营销也非卖法律产品，而是帮助当事人选购法律服务。

（二）律师如何培养时间的商业思维

"时间是商业的终极战场"，那么，有个问题来了：律师如何培养时间的商业思维？在我看来，主要包括以下两点：

1. 确定时间的终极定位，帮客户节省时间

服务升级是大势所趋，未来有两门生意会越来越值钱：一种是帮客户省时间，另一种是帮客户杀时间。什么叫省时间？省时间的服务就是帮客户短时间获得最想要的、最实用的信息，而杀时间的意思就是这种服务让客户觉得把钱花在了美好的事物上或者说是让客户感觉有意思。具体到律师的时间来看，律师一定是帮客户省时间，而不是帮客户杀时间的。当事人让律师提供具体的案件服务，其实就是想最直接、最方便地获取最实用的法律服务，而不是让律师陪他们消耗时间，这一点是毋庸置疑的。

说到这，可能有人会问了，律师该如何帮客户节省时间？我认为，可以从以下三个方面入手：

（1）打磨律师的专业化，做靠谱的专业型律师。只有律师专业化程度提高了，才可能节省客户的时间。尤其是近年来，律师专业化的问题屡次被提及，可见这是多么重要。通常把律师分为工匠律师、营销律师和管理律师。我比较认可这种分类：在这种分类中，最核心的是工匠律师。毫无疑问，工匠律师与律师的专业化密切相关。没有律师的专业化，一切以营销、管理作为基础的律师都是"耍流氓"。

（2）努力提升律师的个人技能，用自己增加的时间投入提升客

户的体验效果。

（3）用"父爱算法"逻辑，给客户意想不到的惊喜。"父爱算法"的逻辑是：当客户不知道想要什么的时候，你告诉客户，这就是你想要的，而且一定是最好的，这就犹如父亲一样站得高、看得远，把最好的东西带给你。具体到我们律师来说，我们在给客户提供法律服务的时候，除了可以通过专业和技能的方式让客户节省时间，还可以用"父爱算法"的逻辑，比如律师可以先就这个案件跟客户约定时间表和路线图，然后按照时间表的节点发布工作阶段性成果，这样客户就会放心不少。通过这些措施，我们告诉客户，这就是你想要的，而且一定是最好的，同时也节省了客户反复咨询、反复跟进的时间。用"父爱算法"逻辑，给客户意想不到的惊喜。

2. 找到时间的"白天鹅"，让自己的时间增值

那么，通过提升时间的价值，会不会让自己有限的时间"增加"呢？换句话说，有没有一种方法能让自己的时间增值？答案是有的。这里，我想给大家提出一个概念：工作杠杆率。工作杠杆率，通俗来说，就是如何让你的单位时间利用得越来越有价值。这就是我所找到的时间的"白天鹅"。

根据工作杠杆率的含义，有两种方式可以让律师的单位时间利用得越来越有价值：第一，将律师的每一份时间卖得更贵。上面提到的律师收费最高可以达到每小时6500元即是这种方式的体现，但这里还是有天花板的，无法突破。第二，将律师的每一份时间卖出更多次。这种方式，是比较可行的办法，可以突破天花板的限制，尤其是在互联网时代下，"将律师的每一份时间卖出更多次"是完全有可能的。那么，律师如何将每一份时间卖出更多次呢？

我觉得以下四种方法可以初步实现这样的目的：

（1）律师一定要多写虽然时效性不强但不可替代性较强的专业

文章。

互联网信息泛滥，新闻热点也是层出不穷，律师写的文章也越来越浮躁。虽然律师紧追热点写作没有错，但是一旦热点过去，你的文章价值就会急剧衰减。在追热点写文章的时候，你的深度思考在降低，写作的价值远远没有那些经过深度思考而不可替代的写作价值高。有鉴于此，我希望我们律师更多的是在思考写一些不可替代性更强的文章，扎扎实实研究某个领域，并在这个领域持续发表自己的见解和观点，一开始获得的关注可能不高，但只要持续产出，每一篇文章都会随着时间带来收益。

（2）律师应该多参加公益、法律援助等社会性活动。

其实，关于律师是否应该参加社会性活动乃至在多大程度上参加社会性活动，我自己曾做过一些小调查。调查显示，近八成律师认为，律师应该参加社会性活动，而且应多参加社会性活动。可能有的律师会这样想：我哪有时间参加社会性活动，一大堆案子都办不完；也有律师认为：我要是有那么多时间，还不如看看专业书，提高专业技能，律师是靠专业吃饭的，我去参加那么多社会性活动，真有那么大帮助吗？这样去思考的律师，我估计也有不少。然而，为什么还是会有那么多人支持律师参加呢？我分析是这样的：从短期来看，律师参加公益、法律援助等社会性活动，产生的效益是非常微弱的；但是从长远来看，律师参加这些活动是十分有价值的。我认识的一位律师，她经常会积极参加公益组织和政府公益活动，如参加留守儿童的公益基金会、妇联、图书馆、法庭的法律援助、城市管理局的社会监督等工作，而且她通过参加这些活动，结交了很多朋友，这些朋友也成了她后面业务的主要来源。

所以说，不要看不起这些公益性社会活动，经过长时间积累，也会让自己的时间价值倍增，经济价值自然就会提升。进一步来看，律师卖出的每一份时间就会被放大。

（3）律师是一个越分享越值钱的职业。

近年来，互联网高速发展，人们获取信息的手段越来越多，速度也越来越快。但也正因为如此，信息泛滥，甄别有用的信息就变得越来越迫切。而律师这个行业，主要是以其专业作为谋生的手段，在互联网大背景下，帮客户甄别有用的信息，提供客户更有价值的信息，分享自己的专业知识和经验，可以让自己的时间不断增值。所以，我建议我们律师尽量都去做一个分享型律师。通过自己的知识、经验、技术或者某方面的才能，获得同行或客户的认可，使得自己的时间投资更具有可增值性。

（4）律师要充分利用碎片化时间，进行认知迭代。

这是一个认知迭代的社会。认知迭代，通俗意义上来说，就是不断更新自己固有的专业知识，创造出与众不同的价值目标。获取最新的行业认知，掌握最新的技术工具，关注最新的动态和趋势，深刻理解行业的变革，都是现代律师群体必须进行的认知迭代。

律师那么忙，我们如何进行认知迭代？我认为，律师必须充分利用碎片化时间进行认知迭代，把时间的效用进行"零存整取"，日积月累获得更多的认知，为将来的个人发展积累潜在的认知价值。

新时代的律师，我们认知迭代的方向主要在于：

1. 获取最新的行业认知

每个律师的专业领域不同，但每个领域都会有自己最新的前沿和趋势，这就需要律师必须及时更新和获取最新的认知。另外，近年来，云端律所的提法也越来越流行，没有固定办公场地，自己决定工作时间、服务项目、服务价格的云端律所已经是一个大趋势。

2. 掌握最新的技术工具

互联网时代，技术驱动法律已经是一个不可阻挡的潮流。前段时间，我们所引进了可以为客户进行精准刑期预测的机器人；再比如，icourt研发的阿尔法系统，为律师事务所实现了高效云端管理和办公。

3. 关注最新的动态和趋势

2016 年，律所合并、律所联盟和中外联营律所的建立实现了律师事务所的规模化扩张。这种扩张通过强强联合、扩大规模和品牌影响力来应对日益激烈的法律服务市场。

4. 深刻理解行业的变革

2016 年，越来越多的法律互联网公司正在变革法律服务业。大数据、人工智能正以前所未有的力量推动着法律互联网时代的发展，像大数据、人工智能这些"黑天鹅"在今天也得到了充分的体现。

所以，时间就是商业的终极战场，对于律师而言，时间也是法律服务业的终极战场。

三、律师如何办理案件

（一）办理案件的要点

从大的方面讲，办理案件有三个要点，一是要系统规划，研究制定策略，要看整体，要看前后，不要只紧盯局部，不能拿到案件就盲目出手；二是要详细罗列出针对你的起诉状、代理词、证据等，对方可能会出现的各种反击，记住，一定要书面罗列出来，不是仅仅脑子想了想；三是利用网络和书籍，充分查找类似判例和所有法律法规，如北大法宝、最高法案例选等。

从小的方面讲，一是要多请教同行，别怕丢人；二是多用如果和假设，找案件出路；三是和法官沟通，看看法官的倾向性意见；四是多研究证据、卷宗和法律规定；五是多提交申请和文书，不是说没用的、法官肯定不会采纳的就不提交，而是给当事人看。出法庭马上给当事人打电话汇报庭审情况，变被动为主动。

(二) 律师行业的"二八定律"

律师行业,"二八定律"深刻折射出律师的现状,所谓的"二八定律"就是 20% 的律师做了我国 80% 的案件,而 80% 的律师在抢剩下 20% 的案件。这是不是一个很奇怪的现象呢?

那 20% 的律师身上究竟藏有什么宝贝?

1. 细节决定成败

不可否认的是,形式可以反映出态度。一份整洁干净、格式一致的文件,给人带来的信赖感往往是不可估量的。这些不是天赋异禀,而是日积月累的基本功,是作为专业律师的基本素养。比如说:律师在审阅文件时,看是不是所有中文和数字都是指定格式,行距是否一致,标点符号是不是统一的中文或者英文格式,某一行的数字是否统一格式,这必须是常态。

2. 回避明显错误

某律所数据统计显示,在律师提供的法律意见中,有 35% 是打印排版笔误,占比最高,这很让人费解。很多明显的错误,其实只要多看一眼,或增加一个人最后把关文字打印排版错误,就能轻易检查出来,但为什么就是不能避免。出现这种低级错误,让人一看到就会对此文件的信赖感大打折扣。

特别提醒:文件发出去之前最好点开看一眼,告诉自己是看最后一眼。一份文件要保证前三页的内容一定是没有问题的。

3. 工作任务的平衡

律师的高强度工作很大程度上要归因于事务繁多、一心多用,分清楚事情的轻重缓急,以及和客户沟通好,确定好一个比较合适的时间列表,养成列时间表的好习惯。

4. 生活与工作的平衡

其一,保证家庭和谐;其二,保持身体健康身心愉快;其三,律师生涯其实是长跑,做得久才会走到更远的地方;其四,提高工作的幸福感，实际上是提高工作效率、延长职业生涯。

除了上面讲到的四点工作常态，还有几个方法：

1. 24 小时法则

即在工作中收到的邮件或者电话，任何情况下不能超过 24 小时再回复。对于的确紧急的事项，必须尽可能快地回复。

所有客户评价律师服务质量的时候，"又快又好"无疑是最为重要的标准。"好而不快""快而不好"的法律服务都是客户心理的减分项。及时回复客户的邮件或者语音电话，使客户心理上感觉到受重视，即使对客户提出的问题不能马上回答，也要先行回复，并给出回答问题的大概时间点，以便让客户有所预期。

请注意：需要尽量避免在答应给出回复的时间点之后回复客户，这样会给客户留下非常不好的印象。

2. 邮件切忌长篇大论，正文要突出重点

经常听到有人抱怨：律师能不能好好说话？能不能说简单一点我们能懂的话？在律师看来，这是律师专业性的体现，不然谁都可以搞法律。从律师的角度来说没错，但是在邮件正文中，切记，把要点明确地点明并写上推荐意见，这是非常重要的事情。客户关心的是事情的解决办法，而不是法律法规，如果有长篇大论，请放在附件里。

3. 知道何时拿起电话

如果律师已经就某一个问题和客户往来邮件超过三轮，还未就该问题向客户解释清楚或者达成解决方案，这就是该拿起电话的时候了。当然，出于礼貌，律师可以先向客户发一个诸如"您方便通电话吗？"的问询邮件，这一条非常重要。有些律师喜欢用邮件的形式来和客户沟通，就某个细节问题反复发邮件，结果都收发很多轮了，还没有把问题解释清楚或者将问题解决，这样的沟通方式是低效且无用的。电子邮件已成了律师日常工作中的主要手段，但在适当的情况下，知道在何时应该拿起电话和客户进行沟通解释，不仅仅是工作方式、方法的问题，还是律师职业素养和专业素质的体现。

4. 记住诚信的重要性

所有人都想赢。参与诉讼的律师想赢得诉讼，参与交易的律师想赢得谈判，但是不能为了达到目的，不惜一切手段。法律工作者追求赢的同时，还需要注意诚信。遵守游戏规则，注意职业伦理和职业道德，注意底线，不得越界。

对于律师来说，言行和名誉是最重要的资产。不遵守职业伦理和道德、不负责任的律师是无法获得成功的。

5. 不必答对所有的问题，但需要问对正确的问题

解决现实中的法律问题，并不像在法学院的考试一样，将每道题答对就可以，给客户留下深刻印象也并不需要像提供标准答案那样。律师时常需要做的事情是：倾听事实、问正确的问题、引导客户去决定适合自己的正确答案。

法律工作者不一定也不必要知道所有问题的答案，尤其是在不确定性较强的情况下，法律有技术化的一面，也有艺术化的一面。法律并不是 1+2=3 那样绝对的事情，现实中有千变万化的情况，法律也会存在变数，律师给出的法律意见也可能带有不确定性（所以有时候客户会看到律师在给出法律意见时提出种种假设）。

有时候，法律工作者很难给出 100% 确定的答案（甚至有些时候没有答案），而法律的有趣之处，就是在一个不确定的世界里尽力去寻求确定性和可预期性。但是，只要问对问题，并明确问题的关键所在，法律工作者就能给出好的意见。

6. 保持学习

生活里有一条不变的原则就是变化。法律工作者只有不停地学习才能跟上节奏。

从清闲的角度看，律师绝对不是一个好职业。三天不学习就要

落后，是摆在每个法律工作者面前严酷的现实。整个法律环境和政治环境的变化，都会影响到法律工作者的工作。法律工作者除了在技术上要紧跟变化之外，还需要通过不断的学习，定期对社会发展、技术发展和政治环境进行跟进。

你以为埃博拉的蔓延和北美天然气价格的走低与法律工作者没有关系？错，大量的商业诉讼可能就来自这些事件；你以为乌干达新出台的石油法和法律工作者没有关系？错，你的客户可能会要求你就相关事件提出法律上的意见。

终身学习是我们这个时代对法律工作者的一个基本要求，也是法律工作者辛苦的因素之一。

（三）对于律师职业发展，再说八点经验之谈

（1）没有小案子，没有小事情，对待任何事情要如履薄冰、认真严谨。

（2）兵贵神速，任何事情别拖，拖只会越来越糟糕。

（3）任何经过自己手的事情就是自己的事，别觉得已经交给他人就无所谓了。

（4）刚入行时多读书、多社交，工作几年后要跨界交朋友。

（5）多锻炼，身体好比脑子聪明还重要。

（6）多问、多想、多思考，但是也别当伸手党。

（7）要学会拒绝，尤其对于不尊重律师智力劳动的客户。

（8）别太看重钱，职业道德更重要。钱迟早会有的，有些东西丢了可能一辈子都找不回来。

做律师要慢慢熬，所谓熬，不是消极地等时间过去，而是很努力上进、厚积薄发。